Shakespeare | Macbeth

Lektüreschlüssel XL

für Schülerinnen und Schüler

Dieses Buch wurde klimaneutral gedruckt.

Alle CO_2-Emissionen, die beim Druckprozess unvermeidbar entstanden sind, haben wir durch ein Klimaschutzprojekt ausgeglichen, das sich für den Regenwaldschutz in Papua-Neuguinea einsetzt.

Nähere Informationen finden Sie hier:

Klimaneutral
Druckprodukt
ClimatePartner.com/14058-1912-1001

William Shakespeare

Macbeth

Von Andrew Williams

Reclam

Dieser Lektüreschlüssel bezieht sich auf folgende Textausgabe: William Shakespeare: *Macbeth*. Hrsg. von Lutz Walther. Stuttgart: Reclam, 2020. (Reclam XL Englisch. Text und Kontext, Nr. 19986.) Diese Ausgabe des Werktextes ist zeilengleich mit der in Reclams Universal-Bibliothek Nr. 9220.

E-Book-Ausgaben finden Sie auf unserer Website unter www.reclam.de/e-book

Lektüreschlüssel XL | Nr. 15491
2021 Philipp Reclam jun. Verlag GmbH,
Siemensstraße 32, 71254 Ditzingen
Druck und Bindung: Eberl & Koesel GmbH & Co. KG,
Am Buchweg 1, 87452 Altusried-Krugzell
Printed in Germany 2021

ISBN 978-3-15-015491-5

Auch als E-Book erhältlich

www.reclam.de

Inhalt

Inhalt

1. Schnelleinstieg

Autor	William Shakespeare (1564–1616), englischer Dramatiker und Lyriker
Erscheinungsjahr	Entstehung zwischen 1603 und 1606; Uraufführung 1606; Erstveröffentlichung 1623 in der ersten Sammlung von Shakespeares Stücken (*First Folio*)
Gattung	Tragödie
Ort der Handlung	Verschiedene Schauplätze in Schottland und England
Zeit der Handlung	11. Jahrhundert
Zeitgeschichtlicher Hintergrund	Anfang der Regentschaft von James I (1566–1625), der 1567 zum König James VI von Schottland ernannt wurde und ab 1603 auch als König von England und Irland regierte; Blick zurück auf Machtkämpfe um die schottische Krone im 11. Jahrhundert

Shakespeares *Macbeth* ist eine vielschichtige psychologische Studie des Bösen, die mit Hexen, Bluttaten, Wahnsinn und Selbstmord aufwartet. Im Vergleich

vielschichtig: complex | **psychologisch:** psychological | **Wahnsinn:** madness | **Selbstmord:** suicide

MR. WILLIAM
SHAKESPEARES
COMEDIES,
HISTORIES, &
TRAGEDIES.
Publiſhed according to the True Originall Copies.

LONDON
Printed by Iſaac Iaggard, and Ed. Blount. 1623.

Abb. 1: Titelseite des *First Folio*, der ersten Stückesammlung Shakespeares, erschienen postum 1623

zu den anderen großen Tragödien Shakespeares wie *Hamlet, Othello* oder *King Lear* ist *Macbeth* in vieler Hinsicht ein relativ unkompliziert gestaltetes Drama. Es ist eines der kürzesten Dramen Shakespeares – etwa halb so lang wie *Hamlet* –, es hat keine nennenswerte Nebenhandlung und kann sogar ohne Pausen aufgeführt werden.

Macbeth wurde wahrscheinlich zwischen 1603 und 1606 geschrieben und ist somit ein Spätwerk Shakespeares. Erst 1623 – siebzehn Jahre nach der Erstaufführung und sieben Jahre nach Shakespeares Tod – wurde der Text in einer gedruckten Ausgabe veröffentlicht, im sogenannten *Fist Folio*, der ersten Sammlung von Shakespeares Stücken.[1] Wahrscheinlich hätte Shakespeare kein Drama über Schottland geschrieben, wäre nicht 1603 der schottische König James VI. auch König von England geworden, wo er bis zu seinem Tod 1625 als James I regierte. In Anlehnung an die lateinische Entsprechung seines Namens, Jacobus, spricht man von der *Jacobean era* (das deutsche Adjektiv ›jakobäisch‹ ist lediglich in Fachkreisen gebräuchlich). Die Theatertruppe, für die Shakespeare seit 1594 gearbeitet hatte, *The Chamberlain's Men*, wurde mit der Krönung James I zu *The King's Men* – ein Zeichen dafür, wie sehr der neue König die Künste schätzte. Er förderte die Theatertruppe als Patron. In *Macbeth* schlägt sich dieses besondere Verhältnis zum König sowohl im historischen Stoff als auch in

Shakespeare und Schottland

Nebenhandlung: sub-plot | **Verhältnis:** relationship

den vielen Anspielungen auf das aktuelle politische Geschehen nieder.

Zur Gestaltung des historischen Stoffes griff Shakespeare auf ein mehrbändiges Geschichtswerk, *Holinshed's Chronicles of England, Scotland, and Ireland* (1577), zurück, in dem über die Herrschaft von Duncan und Macbeth (1034–57) berichtet wird, aber er weicht auch erheblich von dieser Vorlage ab. Shakespeares Macbeth ist schon unmittelbar nach seiner Krönung ein Tyrann, während die historische Figur, von der *Holinshed's Chronicles* berichten, zehn Jahre lang friedlich und umsichtig regierte; Shakespeares Duncan ist wiederum tugendhafter als die inkompetente und nachlässige Figur der *Chronicles*. Hexen werden zwar in den Quellen genannt, spielen dort jedoch keine zentrale Rolle, während Shakespeares »Weïrd Sisters« (IV,1, V. 136) dem Stück die unheilvolle Atmosphäre verleihen, für die die Tragödie berühmt ist. Viele werden, wenn sie den Namen ›Macbeth‹ hören, zunächst an die drei Frauengestalten denken, die gleich in der ersten Szene bei Donner und Blitz den Verlauf des Dramas prägen.

Macbeth hat auf Schauspieler und Regisseure schon immer eine große Faszination ausgeübt. Die vielen Bluttaten, die Konzentration auf die psychischen Folgen des Mordens und das Walten dunkler Kräfte

Anspielung: allusion | **unmittelbar:** directly (*adv.*) | **umsichtig:** prudently; circumspectly (*adv.*) | **tugendhaft:** virtuous | **psychische Folgen:** psychological consequences

haben dazu geführt, dass es unter Schauspielern Unglück bringen soll, auch nur den bloßen Namen des Stückes zu erwähnen. In Theaterkreisen sagt man stattdessen – sofern man sich als Eingeweihter zu erkennen geben möchte – »The Scottish Play«; und wer außerhalb eines Theaters so leichtsinnig ist, Zeilen aus *Macbeth* zu zitieren, sollte sofort etwas unternehmen, um die Gefahr zu bannen. Bekannte Methoden sind z. B. dreimal um das Theatergebäude zu gehen oder als eine Art Gegenmittel ebenso viele Zeilen aus einer heiteren Komödie Shakespeares zu zitieren, wie man in seinem Leichtsinn gewagt hat, aus »The Scottish Play« wiederzugeben. Das alles ist zwar bloß Aberglaube und altehrwürdige Tradition, spiegelt aber das Beunruhigende und Unheimliche wider, das mit den vielen entsetzlichen Taten und deren Folgen für die Psyche der Hauptfigur einhergeht.

Macbeth und der Aberglaube

Seit Jahrhunderten fasziniert *Macbeth* nicht zuletzt dadurch, dass das Publikum Gelegenheit hat, ein bemerkenswert ehrgeiziges, dynamisch handelndes und durchaus skrupelloses Ehepaar auf der Bühne zu erleben. Wie kaum ein anderes Drama Shakespeares ist *Macbeth* zum ›star vehicle‹ mutiert, einem Drama, in dem nicht die ganze Theatergruppe gleichermaßen zur Geltung kommt, sondern vielmehr zwei Stars die Gelegenheit haben, als Macbeth und Lady Macbeth zu

Eingeweihter: insider | **leichtsinnig:** careless; frivolous | **Gegenmittel:** antidote | **Unheimliches:** sinister elements (*pl.*) | **ehrgeizig:** ambitious | **skrupellos:** unscrupulous

glänzen. Die Rolle Lady Macbeths, die an ihren Taten und an ihrer Schuld zugrunde geht und zuletzt als schlafwandelnde Irre auftritt, gehört zu den schwierigsten Rollen des Theaters überhaupt.

Ein Augenzeugenbericht über eine Aufführung von *Macbeth* am Globe Theatre ist in einem Werk des Astrologen Simon Forman (1552–1611) überliefert. In seinem *Book of Plays* berichtet er von einer Aufführung aus dem Jahr 1611. Es ist bemerkenswert, dass Forman vor allem drei Augenblicke in Erinnerung geblieben sind, die nicht in den *Chronicles* vorkommen, sondern Shakespeares eigene Ergänzungen sind: die blutverschmierten Hände der Hauptfiguren, das Erscheinen des Geists beim Bankett und schließlich die schlafwandelnde Lady Macbeth. Das sind berühmte Elemente einer Tragödie, die mehr als 400 Jahre später noch immer fasziniert und beunruhigt.

glänzen: to shine | **Irre** (*fem.*): madwoman | **Augenzeugenbericht:** eye-witness account

2. Inhaltsangabe

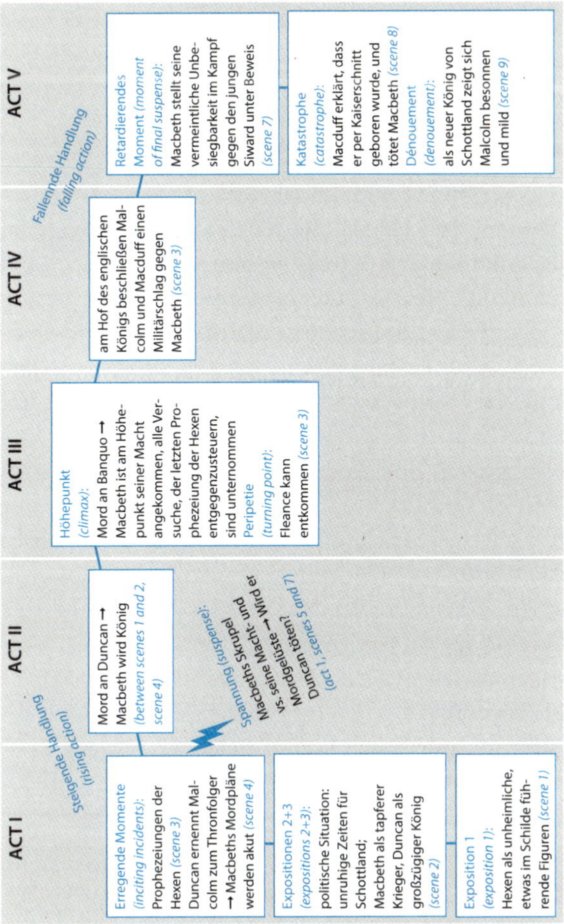

Abb. 2: Übersicht über den Werkaufbau

Shakespeares *Macbeth* besteht aus fünf Akten, die insgesamt neunundzwanzig Szenen umfassen. Das Geschehen spielt im 11. Jahrhundert in Schottland und England.

Erster Akt

1. Bei Donner und Blitz treffen sich unter freiem Himmel drei Hexen. Sie reden von einer Schlacht, nach der sie sich wieder treffen wollen – noch vor Sonnenuntergang –, um mit Macbeth zu sprechen.

Macbeth als verdienstvoller Krieger

2. Im Lager des schottischen Königs Duncan empfängt dieser einen verwundeten Kapitän, der von den tapferen Taten Macbeths beim Kampf gegen den Rebellen Macdonwald berichtet. Macbeth habe Macdonwald getötet und Angriffe der Norweger, auf dessen Seite dieser kämpfte, abgewehrt. Der Edelmann Rosse tritt auf und berichtet, unter Macbeths Führung habe das schottische Heer zudem die Armee des norwegischen Königs sowie den Verräter Cawdor besiegt. Duncan spricht das Todesurteil für Cawdor aus; Macbeth soll dessen Titel erhalten und ist künftig »Thane of Cawdor« (I,2, V. 65) (ein Thane ist ein Mitglied des Adels und erhält vom König Land und Privilegien).

3. Die Schlacht, bei der Macbeth in so eindrucksvoller Weise seine Tapferkeit bewies, ist nun vorbei.

Schlacht: battle | **verwundet:** wounded | **Edelmann:** nobleman | **Todesurteil:** death sentence | **Privileg:** privilege | **in eindrucksvoller Weise:** impressively *(adv.)*

Abb. 3: *Macbeth and Banquo encountering the witches.* Holzschnitt aus *Holinshed's Chronicles* (1577) – © Pictorial Press Ltd / Alamy Stock Foto

Auf der Heide grüßen die drei Hexen den vorbeireitenden Macbeth, der mit Banquo unterwegs ist. Die erste Hexe nennt Macbeth bei seinem aktuellen Titel, »Thane of Glamis« (I,3, V. 48); die zweite grüßt ihn als »Thane of Cawdor« (I,3, V. 49) (obwohl Macbeth von seinem neuen Titel noch nichts weiß); die dritte schließlich kündigt zu seinem größten Erstaunen an, er werde bald König sein. Auch für Banquo haben sie eine Prophezeiung: Er selbst werde niemals König, wohl aber seine Nachkommen. Macbeth möchte mehr erfahren, doch die Hexen verschwinden. Rosse und Angus treten auf und überbringen nun die Neuigkeit, dass Macbeth von König Duncan der Titel des

Die Prophezeiungen der Hexen

Prophezeiung: prophecy | **Nachkomme:** descendant

»Thane of Cawdor« zugesprochen worden sei. Macbeth ist erstaunt, dass sich die erste Prophezeiung der Hexen damit bereits erfüllt hat, und denkt schon jetzt an die Beseitigung des Königs.

■ Erste Mordgedanken

4. In Duncans Palast zu Forres berichtet sein Sohn Malcolm vom Tod des ehemaligen Thane of Cawdor, der kurz vor der Hinrichtung seinen Verrat tief bereut habe. Duncan heißt Macbeth und Banquo willkommen und ernennt seinen Sohn Malcolm zum Prinzen von Cumberland und somit zum Thronfolger. Duncan will Macbeth auf dessen Burg in Inverness besuchen, wohin Macbeth eilt, um seine Frau über den bevorstehenden hohen Besuch zu informieren – schließlich hat er Pläne, die er ihr rasch mitteilen will: Er denkt darüber nach, dass er wohl neben Duncan auch den Thronfolger Malcolm beseitigen muss, will er, dass sich die Prophezeiung der Hexen erfüllt.

■ Ernennung Malcolms zum Thronfolger

5. Lady Macbeth liest einen Brief von ihrem Mann, in dem er von der Begegnung mit den Hexen berichtet. Sie weiß, dass ihn sein Gewissen womöglich am zügigen Handeln hindern wird, und will ihn zum Mord an Duncan ermutigen. Ein Diener überbringt die Nachricht der baldigen Ankunft Duncans. Lady Macbeth beschwört dunkle Mächte, auf dass sie unweiblich werde und somit grausam genug, um sich an Duncans Ermordung zu beteiligen. Bei Macbeths Ankunft drängt sie ihn dazu, sich gutmütig zu geben und

■ Lady Macbeths Beschwörung

Thronfolger: successor to the throne | **bevorstehend:** imminent | **etw. beschwören:** to conjure [up] s.th.

gleichzeitig gerissen zu handeln, und verspricht ihrerseits, das Nötige zu tun.

6. Duncan ist bei seiner Ankunft in Inverness, wo Lady Macbeth ihn willkommen heißt, vom Anblick der Burg Macbeths angetan. Seine Söhne Malcolm und Donalbain sowie andere Edelmänner, darunter auch Macduff, begleiten ihn.

7. Während Duncan die Abendmahlzeit einnimmt, reflektiert Macbeth abseits über das Verbrechen, das er bald um seiner Machtgelüste willen begehen wird. Als Lady Macbeth erscheint, verwirft er das Vorhaben, den König zu töten. Indem sie seine Männlichkeit in Frage stellt, bringt sie ihn jedoch dazu, sein Ziel weiter zu verfolgen. Sie hat vor, Duncans Kämmerer betrunken zu machen, so dass sie als die Täter gelten werden.

Zweiter Akt

1. Es ist nach Mitternacht. Banquo und sein Sohn Fleance treffen auf Macbeth. Banquo spricht die Prophezeiungen der Hexen an, doch Macbeth will zu einem späteren Zeitpunkt darüber reden. Macbeth wartet auf den Glockenschlag Lady Macbeths, der als Zeichen dienen soll, dass der Zeitpunkt gekommen ist, Duncan zu ermorden. Auf einmal sieht Macbeth einen Dolch vor sich schweben, dessen Klinge zunächst

Machtgelüste: desire/lust for power | **Männlichkeit:** masculinity | **Kämmerer:** chamberlain | **Dolch:** dagger

sauber, aber dann blutbefleckt ist. Der Dolch führt ihn zu Duncans Kammer. Die Glocke läutet; Macbeth geht ab, um den Mord zu begehen.

Der Königsmord

2. Lady Macbeth, die vorher Duncans Kämmerer mit Drogen betäubt und deren Dolche als Mordwaffen für Macbeth bereitgelegt hat, wartet angespannt auf die Rückkehr ihres Mannes. Er kehrt zurück, entsetzt über die begangene Tat und voller Ängste. Zudem hört er eine Stimme, die ihn zur ewigen Schlaflosigkeit verdammt. In den Händen hält er noch die blutigen Dolche. Lady Macbeth fordert ihn dazu auf, diese zurückzubringen, doch Macbeth weigert sich, an den Schauplatz des Mordes zurückzukehren, so dass Lady Macbeth die Dolche selbst in Duncans Kammer bringt. Macbeth glaubt, seine blutigen Hände nie wieder sauber zu bekommen, und ängstigt sich, weil es am Südeingang der Burg klopft. Lady Macbeth kehrt zurück und fordert Macbeth auf, sich mit ihr in ihr Schlafgemach zurückzuziehen, damit sie sich waschen und umziehen können.

Macbeths Gewissensbisse

3. Auch der betrunkene Pförtner wird durch das Klopfen gestört. Nach einer kurzen Fantasie, er bewache nicht Macbeths Burg, sondern die Höllenpforten, lässt er Macduff und Lennox herein und erörtert vor diesen in derber, aber witziger Weise die Wirkung des Alkohols auf den Menschen. Macbeth tritt auf und

einen Mord begehen: to commit a murder | **Schlaflosigkeit:** sleeplessness; insomnia | **Schauplatz:** scene | **Höllenpforten:** gates of hell

begleitet Macduff, der von König Duncan den Auftrag erhalten hatte, ihn zeitig zu wecken, zu dessen Tür. Lennox beschreibt die vergangene Nacht, in der eine unheimliche Atmosphäre geherrscht habe. Macduff kehrt von der Kammer des Königs zurück und berichtet entsetzt von Duncans Ermordung. Er weckt den ganzen Haushalt. Macbeth und Lennox begeben sich in die Kammer. Banquo, Malcolm und Donalbain erfahren von Duncans Tod und auch davon, dass Macbeth die beiden anscheinend schuldigen Kämmerer getötet habe, als er mit Lennox die Kammer betrat. Macbeth erklärt, sein gerechter Zorn habe sein Urteilsvermögen getrübt; Lady Macbeth fällt in Ohnmacht (oder täuscht dies zumindest vor). Banquo fordert die anderen dazu auf, sich anzukleiden und zu bewaffnen. Malcolm und Donalbain, die Söhne des ermordeten Königs, bleiben zurück und beschließen zu fliehen, denn sie glauben auch sich gefährdet: Malcolm kündigt an, nach England zu fliehen; Donalbain beschließt seine Flucht nach Irland.

■ Die Entdeckung des Mordes

4. Rosse erörtert mit einem alten Mann einige unnatürliche, unheilvolle Vorkommnisse. So haben sie beobachtet, wie eine Eule einen Falken erlegte und Duncans Pferde sich gegenseitig angegriffen und zerfleischt haben. Macduff stößt dazu und berichtet von der Vermutung, die beiden Kämmerer seien von den flüchtigen Söhnen Malcolm und Donalbain bezahlt

■ Die Natur in Aufruhr

Zorn: anger | **Urteilsvermögen:** ability to judge | **etw. zerfleischen:** to maul s.th.

worden, um Duncan zu töten. Da Malcolm und Donalbain geflohen sind, fällt die Regentschaft an Macbeth, der nach Scone gereist ist, um gekrönt zu werden. Duncans Leiche ist nach Colmhill gebracht worden, wo sie beigesetzt werden soll. Rosse will der Krönung beiwohnen; Macduff hingegen kündigt an, nach Hause nach Fife aufzubrechen.

Dritter Akt

1. Banquo verdächtigt Macbeth des Mordes an Duncan, denn er weiß, dass die Prophezeiungen der Hexen somit erfüllt worden sind. Er macht sich nun seinerseits Hoffnungen, dass sich die letzte Prophezeiung erfüllt und dass seine Nachkommen einmal regieren werden. Der neue König Macbeth, der zusammen mit Lady Macbeth, Lennox und Rosse hereintritt, lädt Banquo zu einem feierlichen Abendessen ein und fragt ihn, ob er am Nachmittag mit seinem Sohn Fleance ausreiten wird. Banquo bejaht. Macbeth erbittet sich, bis zum Abend allein zu sein, und entlässt die Gesellschaft. Er ist verängstigt, denn sein Verbrechen wäre sinnlos gewesen, wenn sich nun auch die letzte Prophezeiung der Hexen erfüllen sollte und Banquos Nachkommen rasch an die Macht kämen. Er lässt zwei Männer holen, mit denen er schon am Vortag gesprochen hatte. Macbeth bestärkt

beigesetzt werden: to be buried | **jdn. einer Sache verdächtigen:** to suspect s.o. of s.th. | **ausreiten:** to go riding

sie in ihrem Glauben, allein Banquo sei an ihrer unglücklichen Lebenslage schuld, und beauftragt sie, Banquo und Fleance zu töten.

Macbeth beauftragt Banquos Ermordung

2. Auch Lady Macbeth macht sich über die doch sehr unsichere Lage Gedanken. Macbeth tritt auf. Er beneidet den toten Duncan darum, keine Angst mehr haben zu müssen. Lady Macbeth ermahnt ihn, sich am Abend vor den Gästen munter zu geben. Er spielt auf den bevorstehenden Mord an Banquo und Fleance an, verrät aber nicht, dass er diesen schon in Auftrag gegeben hat.

Banquos Tod …

3. In einiger Entfernung von der Burg töten die beiden Mörder gemeinsam mit einem dritten Mann, der sich zu ihnen gesellt hat, Banquo; sein Sohn Fleance kann jedoch entkommen.

4. Abseits des Festessens berichtet einer der Mörder Macbeth vom Teilerfolg. Macbeth will sich setzen, sieht aber, als einziger Anwesender, den Geist Banquos an seinem Platz. Angesichts der blutigen Locken des Geistes gibt Macbeth seinem Entsetzen Ausdruck. Lady Macbeth erklärt das merkwürdige Verhalten ihres Ehemannes für ein ganz gewöhnliches Vorkommnis: Seit seiner Jugend würden Macbeth derlei Anfälle öfter ereilen. Anschließend nimmt sie Macbeth beiseite und tadelt ihn für sein Verhalten. Nach dem Verschwinden des Geistes kann er sich sammeln und bei den Gästen entschuldigen. Der Geist erscheint aber wieder, und der entsetzte und verängstigte Macbeth

… und sein Geist

Teilerfolg: partial success

spricht ihn an, so dass Lady Macbeth die Gesellschaft auflösen muss. Nun ist Macbeth allein mit seiner Frau und bespricht mit ihr Macduffs Abwesenheit, der der Einladung zum Festessen nicht nachgekommen ist. Macbeth will bald wieder mit den Hexen sprechen und macht deutlich, dass er jetzt nicht mehr kehrtmachen kann. Die beiden gehen zu Bett.

5. Hecate, Herrscherin über Dämonen und Hexen, tadelt die Hexen wegen des Umgangs mit Macbeth, um darauf von den Geistern wegberufen zu werden, mit denen sie singt.[2]

6. Lennox erkennt, dass Macbeth für die Morde verantwortlich ist, und bespricht die Sache mit einem Edelmann, der wiederum berichtet, Macduff habe sich nach London begeben, um den englischen König um militärische Hilfe gegen Macbeth zu bitten. Dort halte sich auch Malcolm auf und sei vom König sehr gütig empfangen worden.

Vierter Akt

Ein Blick in die Zukunft

1. Die Hexen bereiten einen Trank zu. Macbeth tritt auf und besteht darauf, dass die Hexen ihre Geister beschwören, damit er in die Zukunft blicken kann. Die Hexen kommen seinem Wunsch nach. Es folgen drei Erscheinungen: Ein gepanzertes Haupt, das vor Macduff warnt; ein blutbeflecktes Kind, das Macbeth mitteilt, niemand, der von einer Frau geboren wurde,

Abwesenheit: absence | **Erscheinung:** apparition

Abb. 4: *Macbeth consulting the vision of the armed head* (1793). Gemälde von Johann Heinrich Füssli

könne ihm etwas anhaben; und schließlich ein gekröntes Kind, das einen Baum in der Hand hält und ihm voraussagt, dass er erst dann besiegt werde, wenn Birnam Wood nach Dunsinane (dem Königsschloss) komme. Macbeth schöpft Hoffnung aus diesen scheinbar unrealistischen Prophezeiungen und fragt die Hexen schließlich, ob Banquos Nachkommen tatsächlich einmal Schottland regieren werden. Die Hexen lassen eine Folge von acht Königen erscheinen, von denen der letzte einen Spiegel in der Hand hält. Macbeth erkennt in ihm den lächelnden Banquo, der mit einer Geste deutlich macht, dass es sich bei der Königslinie, die sich durch den Spiegel weiter verlängert, um seine Nachkommen handelt. Die Hexen verschwinden. Lennox tritt auf und überbringt die Nachricht, dass Macduff nach England verschwunden sei. Macbeth beschließt, Macduffs Familie töten zu lassen.

2. Auf Macduffs Burg in Fife beklagt Lady Macduff gegenüber Rosse die Abwesenheit ihres Mannes, dem sie seine Flucht nach England vorwirft. Nachdem Rosse gegangen ist, spricht sie auch mit ihrem Sohn. Ein unbekannter Bote tritt plötzlich auf, warnt vor einer dringenden Gefahr und flieht. Kurz darauf dringen Mörder in die Kammer ein, töten das Kind und verfolgen die schreiende Lady Macduff.

■ Unschuldige Tote

3. Im Palast des englischen Königs unterhalten sich Malcolm und Macduff. Malcolm verhält sich Macduff

scheinbar unrealistisch: apparently unrealistic | **Geste:** gesture

gegenüber vorsichtig, denn er vermutet, dieser könnte im Auftrag Macbeths unterwegs sein, besonders da er seine ganze Familie in Schottland zurückließ. Malcolm behauptet von sich, er tauge nicht als König, denn er sei wollüstig, gierig und bösartig. Macduff verzweifelt an der Lage Schottlands, wodurch sich Malcolm von Macduffs Aufrichtigkeit überzeugen kann. Malcolm gesteht, von seinen angeblichen schlechten Eigenschaften lediglich als Probe gesprochen zu haben. Ein Arzt tritt ein und erzählt von der Fähigkeit des englischen Königs, die Skrofeln zu heilen. Malcolm berichtet, er habe schon die Hilfe der Engländer im Kampf gegen Macbeth zugesichert bekommen. Rosse überbringt die Nachricht vom Tod der Frau und der Kinder Macduffs, der Rache schwört.

■ Militärische Unterstützung durch England

Fünfter Akt

1. Ein Arzt ist berufen worden, um Lady Macbeths Schlafwandeln zu beobachten. Die schlafwandelnde Lady Macbeth tritt auf, wäscht sich wie besessen die Hände und spricht vom Mord an Duncan und vom Tod Banquos und Lady Macduffs. Der Arzt ist ratlos.

■ Lady Macbeth schlafwandelt

2. Schottische Edelmänner, darunter auch Lennox, begeben sich nach Birnam, um sich dort mit Malcolms englischer Armee zu treffen.

wollüstig: lascivious | **gierig:** greedy | **bösartig:** evil | **Aufrichtigkeit:** honesty, sincerity | **Skrofeln:** scrofula | **Schlafwandeln:** sleepwalking | **besessen:** obsessed

Die Gegner nahen

3. In Dunsinane erfährt Macbeth von der sich nähernden Armee. Im Glauben, er sei unbesiegbar, reflektiert er darüber, dass er doch genauso gut sterben könnte, da er den Respekt und die Achtung seines Gefolges und seiner Freunde verloren habe, die das Leben lebenswert machen. Er erkundigt sich beim Arzt nach dem Befinden Lady Macbeths. Dieser stellt fest, Lady Macbeth leide nicht an einer Krankheit, sondern vielmehr an Fantasien, von denen er sie jedoch nicht befreien kann. Macbeth geht mit seinen Bediensteten schroff um und zieht seine Rüstung an.

4. Malcolm gibt seiner Armee Anweisung, sich mit Ästen von Birnam Wood zu tarnen.

5. Macbeth erfährt vom Tod seiner Frau. Das Leben hat für ihn jeglichen Sinn verloren. Als ein Bote berichtet, Birnam Wood sei offenbar auf dem Weg nach Dunsinane, womit die Prophezeiung des gekrönten Kindes in Erfüllung geht, erkennt Macbeth die Aussichtslosigkeit seiner Lage. Er ist aber fest entschlossen zu kämpfen.

6. Malcolm bestimmt Siward und dessen Sohn zu den Anführern des ersten Angriffs.

7. Macbeth glaubt, sich vor keinem fürchten zu müssen, den eine Frau gebar. Er tötet im Kampf den jungen Siward und zieht seine Leiche fort. Macduff tritt auf, wild entschlossen, Macbeth zu töten.

unbesiegbar: invincible | **sich tarnen:** to disguise oneself | **jeglicher Sinn:** any sense of meaning | **Aussichtslosigkeit:** hopelessness | **entschlossen:** determined, resolved

8. Macduff und Macbeth kämpfen. Macbeth brüstet sich mit seiner vermeintlichen Unbesiegbarkeit, aber Macduff entgegnet, er sei nicht auf natürlichem Weg geboren, sondern vorzeitig dem Leib seiner Mutter entrissen (also per Kaiserschnitt geboren) worden. Macbeth verflucht die Zweideutigkeit der Hexen, kämpft aber weiter. Macduff tötet Macbeth.

■ Macduff nimmt Rache

9. Malcolm und seine Edelmänner haben die Schlacht gewonnen und warten auf Nachricht über Vermisste. Siward erfährt vom Tod seines Sohnes und nimmt die Botschaft mit Würde hin. Macduff überbringt den Kopf des getöteten Macbeth; Malcolm wird zum König von Schottland ausgerufen.

zum König ausgerufen werden: to be proclaimed king

3. Figuren

Macbeth

Die Hauptfigur Macbeth ist ein tapferer Krieger (»brave Macbeth«, I,2, V. 16; »Valour's minion«, I,2, V. 19) und Edelmann. Er hat Macdonwald getötet und die Norweger besiegt, um seinem König zu dienen. Duncan, der Macbeth offenbar sehr schätzt (»valiant cousin«, »worthy gentleman«, I,2, V. 24; »noble Macbeth«, I,2, V. 69), erhebt ihn ohne Weiteres zum »Thane of Cawdor« (I,2, V. 65). Obwohl Macbeth als edel und tugendhaft gilt, sehen wir auf der Bühne keine Handlungen Macbeths, die diese Eigenschaften unterstreichen würden. Die einzige negative Bemerkung über seinen Charakter im ersten Akt stammt von Lady Macbeth, die ihm zwar einerseits Ehrgeiz bescheinigt, andererseits aber auch zu viel Menschenliebe (»too full o'th'milk of human-kindness«, I,5, V. 17), um seine Ziele zu verwirklichen. Das ist allerdings eine Kritik, die unter anderen Umständen durchaus auch den Charakter eines Kompliments hätte.

■ Allzu gutmütig?

Macbeth hat zwar seine Tapferkeit auf dem Schlachtfeld bewiesen, er erweist sich aber zunächst nicht als besonders heimtückisch: Im Kampf zu töten, ist etwas anderes, als einen schlafenden, wehrlosen Regen-

tapfer: brave | **die eigenen Ziele verwirklichen:** to reach one's goals | **Schlachtfeld:** battlefield

Abb. 5: Der Schauspieler William Charles Macready als Macbeth, Zeichnung veröffentlicht von Martin und Benjamin Skelt (zwischen 1820 und 1830) – © National Portrait Gallery, London

ten zu ermorden. Macbeth beginnt das Drama als Krieger und auch bei seinem letzten Auftritt trägt er die Rüstung und ist entschlossen zu kämpfen; aber er zögert etwas, wenn es darum geht, auf brutale, heimtückische Weise die Krone an sich zu reißen. Er sei zwar letztlich zu allem bereit, lasse aber, laut Lady Macbeths Urteil, lieber andere die Arbeit machen.

Während seiner Regentschaft hat Macbeth weder Freunde noch Berater, die ihm beistehen; auch Lady Macbeth ist psychisch so labil, dass sie ihm keine Ratschläge mehr erteilen kann. Er verfügt also nur über Bedienstete, die ihn vermutlich verachten, und über Auftragsmörder. Während der Unterredung zwischen Lennox und einem anderen Adligen am Ende des dritten Aktes fällt zum ersten Mal das Wort »tyrant« (III,6, V. 25). Die Steigerung der Rhetorik gegen Macbeth gipfelt in Macduffs Urteil »Not in the legions / Of horrid Hell can come a devil more damn'd / In evils, to top Macbeth.« (IV,3, V. 55–57) Zum Schluss wird Macbeth selbst enthauptet: Man präsentiert den »cursed head« (V,9, V. 21) des toten »butcher« (V,9, V. 35).

Überraschendes Mitleid

Trotz allem haben wir oft Mitleid mit Macbeth. Das ist höchst widersprüchlich. Warum sollten wir Mitleid haben mit einem Tyrannen, einem König, der sein Land in eine instabile politische Lage bringt, einem Mörder, der nicht davor zurückschreckt, ein un-

Rüstung: armour | **jdn. verachten:** to despise s.o. | **Mitleid:** compassion; pity | **widersprüchlich:** contradictory

schuldiges Kind zu töten, eine ganze Familie auszulöschen? Es gibt keine abschließende Antwort auf diese Frage, aber ein Grund ist darin zu suchen, dass er dem Publikum seine Schwächen offenbart. In den vielen Monologen erhalten die Zuschauerinnen und Zuschauer einen tiefen Einblick in seine Seele und erkennen, dass er eine Figur voller Widersprüche ist; ja, er wirkt dadurch erst menschlich. Ein Monster ist Macbeth nicht, er handelt aus klaren Motiven heraus und ist nicht von blanker Tötungslust besessen. Erst ganz zum Schluss muss Macbeth die Aussichtslosigkeit seiner Lage erkennen (dass er auch dann noch bedingungslos weiterkämpfen will, bewundern wir unter Umständen sogar), aber schon angesichts der sich nähernden Truppen (V,3) weiß er, dass er am Ende ist, im militärischen wie im persönlichen Sinne; und er bedauert, dass nicht Ehre, Gehorsam und Freunde ihn ins Alter begleiten, sondern Heuchelei, Hass und Verachtung. Auch diese Erkenntnis und seine Reue lassen die menschliche Seite Macbeths zum Vorschein kommen. Nach dem Tod seiner Frau hat das Leben für ihn jeglichen Sinn verloren. Zuletzt bleibt er eine schwache Figur, die in ihren Bluttaten zu einer sehr zerbrechlichen und fragwürdigen Stärke findet. Macbeth ist getrieben von seinem Bedürfnis nach Macht

■ Schwäche und Machtgier

etw./jdn. auslöschen: to erase s.th./s.o. | **Monolog:** soliloquy | **Widerspruch:** contradiction | **sich nähernd:** approaching | **Ehre:** honour | **Gehorsam:** obedience | **Heuchelei:** hypocrisy | **zerbrechlich:** fragile | **fragwürdig:** questionable; dubious

und Einfluss, ohne über die Aufgaben eines Regenten zu reflektieren oder sich über seine politischen Aufgaben Gedanken zu machen. Durch eine schreckliche Bluttat König geworden, bleibt Macbeth nichts anderes übrig, als seine Stellung durch weitere Bluttaten zu sichern.

Lady Macbeth

In vieler Hinsicht ist Lady Macbeth eine Ergänzung zu ihrem Mann, und man kann die beiden durchaus als Kontrastfiguren betrachten. Wo Macbeth zögert und zaudert, ist Lady Macbeth fest entschlossen und resolut. Während Macbeth den einmal begonnenen Weg fortschreitet und keine Alternative sieht, hat es den Anschein, als hätte sich Lady Macbeth von ihrer Beteiligung am Königsmord nie erholt – auch wenn sie unmittelbar nach dem Mord glaubt, ein wenig Wasser würde reichen, um die Spuren zu beseitigen. Am Anfang des fünften Aktes ist sie eine gebrochene, psychisch kranke Frau, während sich Macbeth in seine Machtposition hineinsteigert und nicht zögert, weitere Bluttaten zu begehen. Der Fleck, den Lady Macbeth verzweifelt zu entfernen versucht, steht für ihre Schuld, an der sie zugrunde geht. Selbstmord ist ihr der einzige Ausweg.

■ Zerbrechen an der Schuld

Die Zuschauerinnen und Zuschauer lernen zunächst eine ungemein starke und doch grausame Frau

Königsmord: regicide

Abb. 6: Ellen Terry als Lady Macbeth. Gemälde von John Singer Sargent (1889)

kennen. Bei ihrem ersten Auftritt sehen wir, wie sie den Brief Macbeths liest, der sie über die Hexen informiert. Lady Macbeth ist sofort klar, was zu tun ist, und da sie ihren Mann nur zu gut kennt, weiß sie auch sogleich, dass sie Maßnahmen ergreifen muss, um seiner ihm eigenen Zögerlichkeit und Gutmütigkeit entgegenzuwirken. Sie hat vor, ihn zum Mord zu überreden, und sie tut dies mit sehr subtilen und wirksamen psychologischen Mitteln: Sie stellt Macbeths Männlichkeit in Frage; sie reagiert auf seine Unentschlossenheit mit einer Mischung aus Spott und Pragmatismus. Schließlich teilt er ihre Entschlossenheit, ohne dass er weiß, was mit ihm geschehen ist.

Lady Macbeth tut mehr, als nur geschickt zu argumentieren. Sie richtet ihr ganzes Wesen nach dem bevorstehenden Ziel aus, dem Königsmord. Sie leugnet ihre Weiblichkeit (»unsex me here«, I,5, V. 41), die sie mit Fürsorglichkeit und Gewaltlosigkeit assoziiert; sie will voller schrecklicher Grausamkeit sein; Mitleid will sie nicht kennen. Lady Macbeth ist eine Meisterin der Verstellung. Sie gebärdet sich öffentlich wie eine »innocent flower« (I,5, V. 65), während sich dahinter, um in ihrer eigenen Bildsprache zu sprechen, eine Schlange verbirgt (I,5, V. 66) – ein Bild für die womöglich schon länger in ihr schlummernde Ruhmsucht.

Verstellungskünste

subtil: subtle | **wirksam:** effective | **Unentschlossenheit:** indecisiveness | **Weiblichkeit:** femininity | **sich gebärden:** to behave; to act

Auch während des Festessens bewahrt sie Ruhe; ihr Mann dagegen verliert angesichts seiner Vision von Banquos Geist völlig die Fassung. Allerdings macht auch sie sich Gedanken zum fragwürdigen Glück: »'Tis safer to be that which we destroy, / Than by destruction dwell in doubtful joy.« (III,2, V. 6 f.) Während sie am Anfang des dritten Aktes versucht, ihrem Mann solche Zweifel zu nehmen, ahnt sie nicht, dass er schon den Mord an Banquo in Auftrag gegeben hat. Hier wird besonders klar, dass sich das Ehepaar, das sich am Anfang des Dramas alles anvertraut hat, auseinanderbewegt.

Duncan

Ein tugendhafter König

Duncan ist ein tugendhafter Regent, und es überrascht nicht, dass Macbeth, der unter Zweifeln und inneren Qualen dessen Ermordung plant, die Gesellschaft seines Königs zu meiden scheint: Nicht er, sondern seine Frau begrüßt Duncan in Inverness; und während Duncan eine Abendmahlzeit einnimmt, reflektiert Macbeth über die bevorstehende Tat (I,7), die angesichts von Duncans Tugenden umso schrecklicher erscheint. Macbeth weiß, dass Duncan seine Macht in bescheidener und umsichtiger Weise ausübt, dass er sich während seiner Regentschaft nichts zuschulden kommen ließ und dass sich das Volk nach

die Fassung verlieren: to lose control of oneself | **Regentschaft:** reign

seiner Ermordung umso mehr an seine positiven Eigenschaften erinnern würde (I,7, V. 16–25). Lady Macbeth erkennt in Duncans Gesicht Züge ihres Vaters und kann ihn deswegen nicht ermorden: »Had he not resembled / My father as he slept, I had done't« (II,2, V. 12 f.). Duncans grausames Ende wird am besten anschaulich in Lady Macbeths Bemerkung aus der Zeit ihrer geistigen Umnachtung: »Yet who would have thought the old man to have had so much blood in him?« (V,1, nach [35])

Banquo

■ Gemeinsamkeiten mit Macbeth

Banquo hat einiges gemeinsam mit der Hauptfigur Macbeth. Auch er ist ein *Thane*. Wie Macbeth ist er offenbar ein tapferer Soldat; wie (zunächst) Macbeth gilt er als treu und redlich; und wie Macbeth erfährt er Verheißungsvolles von den Hexen. An konkrete eigene Handlungen, die die Prophezeiungen der Hexen schneller verwirklichen würden, denkt Banquo aber nicht, und er bleibt Duncan gegenüber treu. Banquo verhält sich den Hexen gegenüber skeptisch. Er nennt sie »instruments of Darkness« (I,3, V. 124) und ist bei der Begegnung weder so neugierig noch so nachdenklich wie Macbeth, doch er bemerkt, wie dieser unmittelbar nach der Begegnung »rapt« (verzückt) ist (I,3, V. 143).

redlich: upright; honest | **nachdenklich:** thoughtful

Für Banquos Redlichkeit spricht seine kurze Replik auf Duncans Danksagung, mit der er in wenigen Worten seine Treue ausdrückt: »There if I grow, / The harvest is your own« (I,4, V. 32 f.). Macbeth hingegen antwortet mit Gemeinplätzen und Floskeln: »The service and the loyalty I owe, / In doing it, pays itself« (I,4, V. 22 f.). Allerdings spricht einiges dafür, dass Banquo auch opportunistisch und feige ist. Er vermutet sehr früh, dass Macbeth Duncan umgebracht hat (III,1, V. 2 f.), unternimmt aber nichts, um eine Bestätigung seines Verdachts zu erhalten: So verzichtet er etwa darauf, Macbeth zur Rede zu stellen. Vielmehr will auch er nun trotz seiner anfänglichen Zurückhaltung wissen, was das Schicksal für ihn bereithält. Es bleibt aber bei Hoffnungen, die er für sich behält, denn seinen Versuch, mit Macbeth über die Hexen zu reden, blockt dieser ab.

Banquos andere Seite

Malcolm

Auf den ersten Blick ist Malcolm eine sehr einfache Figur: Sein Vater, der König, wird ermordet, und er flieht, da er sich selbst gefährdet glaubt, um dann mit englischer Hilfe zurückzukehren. Nach der Niederlage Macbeths wird er zum König ausgerufen. Diese Handlungen sprechen für einen umsichtigen Charakter, der die Sache nicht unüberlegt in die Hand nimmt,

opportunistisch: opportunistic | **feige:** cowardly | **anfänglich:** initial | **Niederlage:** defeat

sondern es versteht, auf politischem Gebiet tätig zu werden. Um gegen Macbeth vorzugehen, ist er auf Hilfe von außen angewiesen, und es gelingt ihm, die englischen Truppen für seine Zwecke zu gewinnen. Trotzdem muss man sich fragen, warum er auf Macduffs Nachricht vom Tod seines Vaters mit dem sehr merkwürdigen Ausruf »O! by whom?« (II,3, V. 98) reagiert. Hier wirkt er seltsam unberührt, ebenso wie im Gespräch mit seinem Bruder Donalbain. Von ziellosen Rachegelüsten, von Wut und Trauer ist keine Rede. Pragmatisches Handeln scheint ihm das oberste Gebot zu sein.

Ein kühler Kopf

In der langen Szene IV,3 gibt er sich Macduff gegenüber, dem er misstraut, aus Berechnung als denkbar schlechter Regent zu erkennen. Sein Kalkül geht auf, und die beiden kommen zu dem Schluss, dass sie gemeinsam gegen Macbeth vorgehen müssen.

Macduff

Macduff ist vor allem deshalb eine wichtige Figur, weil er die Handlung des Dramas vorantreibt: Er ist es, der nach dem Königsmord an der Pforte von Macbeths Burg klopft; er entdeckt den Mord und lässt die Alarmglocke läuten; er ist derjenige, der Rache nehmen wird, da Macbeth seine Familie ausgelöscht hat; im fünften Akt schließlich dringt er wieder in Mac-

auf etw. angewiesen sein: to rely on s.th. | **merkwürdig:** curious; strange beths Burg ein, dieses Mal als Erlöser Schottlands. Im Kampf tötet er Macbeth, der kurz zuvor auf seine Schuld Macduff gegenüber angespielt hat (»my soul is too much charg'd / With blood of thine already«, V,8, V. 5 f.). Macduff ist es, der nicht »of woman born« (IV,1, V. 80) ist und somit Macbeth gemäß den Prophezeiungen der Hexen besiegen kann; und schließlich ist Macduff der Erste, der Malcolm zum König ausruft (V,9, V. 25).

Eine zuverlässige Aussage über seinen Charakter zu treffen, ist trotz seiner Signifikanz für die Handlung sehr schwierig. Er gilt den anderen Figuren wohl als ein guter Charakter (»Here comes the good Macduff«, II,4, V. 20). Bei der Entdeckung des Mordes an Duncan schöpft er zunächst keinen Verdacht gegen Macbeth. Wie alle anderen auch hält er die beiden Kämmerer für schuldig und glaubt, dass sie im Auftrag der flüchtigen Söhne Duncans gehandelt haben. Es wird deutlich, dass Macbeth ihm misstraut und ihn ausspionieren lässt (III,4, V. 130 f.); die genauen Gründe dafür werden nicht genannt. Auffällig ist jedoch, dass er bei Macbeths Krönung nicht anwesend ist (II,4, V. 36 f.). Auch beim Festessen (III,4) fehlt er, wodurch er seinen König brüskiert. Beim zweiten Besuch bei den drei Hexen bestätigt die erste Erscheinung, das gepanzerte Haupt, Macbeths Verdacht, dass

Eine Figur mit Rätseln

Erlöser: redeemer | **zuverlässig:** reliable | **Signifikanz:** significance | **Verdacht schöpfen:** to become suspicious | **jdn. ausspionieren lassen:** to spy on s.o. | **jdn. brüskieren:** to affront/snub s.o.

ihm Macduff gefährlich werden könnte, ohne jedoch einen konkreten Grund zu nennen. Macbeth beschließt daraufhin, Macduff nebst seiner ganzen Familie zu beseitigen. Im 4. Akt werden Macduffs Frau und Kinder kaltblütig ermordet. Macduffs Abwesenheit spricht dafür, dass ihm die Gefahr, die für sein Leben besteht, bewusst war, könnte aber auch als Rücksichtslosigkeit gegenüber seiner Familie bewertet werden, deren Gefährdung er bei seiner Flucht nicht bedacht zu haben scheint. Nach anfänglichem Zögern beschließt er unter Zureden Malcolms, sich ›mannhaft‹ zu zeigen und Rache zu nehmen.

kaltblütig ermordet werden: to be murded in cold blood

4. Form und literarische Technik

Die Struktur des Dramas

Die Grundstruktur von *Macbeth* ist relativ einfach. Zunächst werden der Weg zur Machtergreifung Macbeths und die Vorbereitungen dazu geschildert. Die Spannung steigt stellenweise ins Unermessliche (I–II). Darauf folgt eine kurze Zeit der fragwürdigen Machtausübung, in der weitere Bluttaten begangen werden (III–IV). Indessen bereiten sich die Gegner Macbeths auf einen Gegenangriff vor, um das politische Chaos zu beenden. Das Drama endet mit dem Machtverlust und schließlich mit dem Tod des Protagonisten (V).

Macbeth fällt innerhalb des Shakespeare'schen Gesamtwerks nicht nur wegen seiner Kürze auf, es hat obendrein auch keine nennenswerte Nebenhandlung. Diese Kompaktheit hat einige Regisseure dazu verleitet, das Stück ohne Pause aufzuführen, so dass die Ereignisse ohne Unterbrechung aufeinander folgen und die Zuschauerinnen und Zuschauer kaum Gelegenheit haben, darüber zu reflektieren. Diese Aufführungspraxis entspricht gewiss der Atemlosigkeit des Geschehens. Allerdings finden die in *Macbeth* dargestellten Ereignisse innerhalb einer Zeitspanne von

■ Der objektive Zeitablauf

Machtergreifung: seizure of power | **Vorbereitung:** preparation | **Spannung:** tension | **Protagonist:** protagonist | **Kompaktheit:** compactness | **Aufführungspraxis:** performance practice | **Atemlosigkeit:** breathlessness

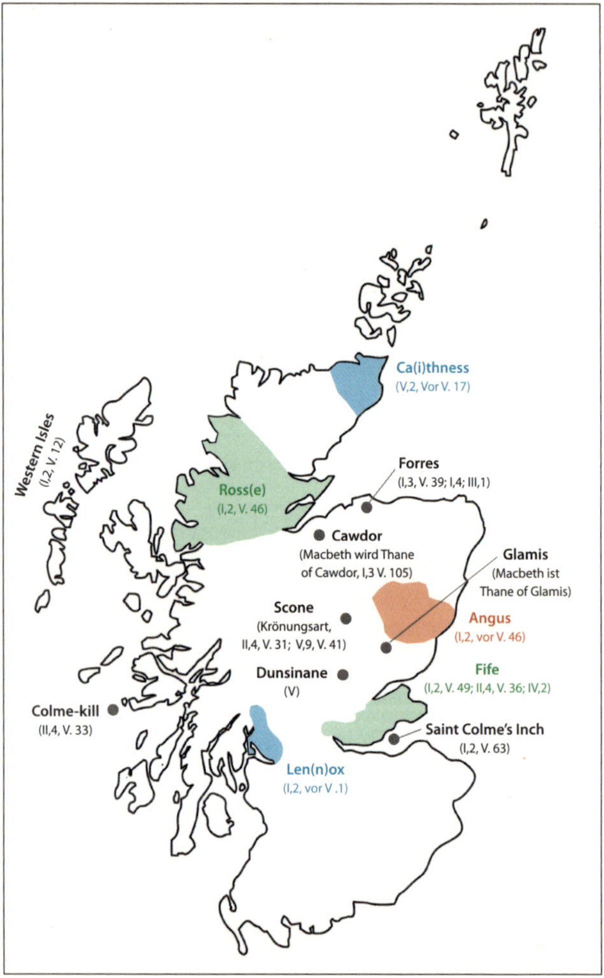

Abb. 7: Karte der schottischen Schauplätze in *Macbeth*

insgesamt einigen Monaten statt: Es vergehen wohl einige Wochen zwischen der Ermordung Duncans und der Wahl Macbeths zum neuen König; die Wege zwischen den verschiedenen Burgen (Dunsinane, Forres, siehe die Abbildung auf S. 42) sind nicht alle an einem Tag zu bewältigen; auch die Vorbereitungen Malcolms für den militärischen Schlag gegen Macbeth nehmen sehr viel Zeit in Anspruch. Obwohl Macbeth in der von Shakespeare verwendeten Quelle, den *Holinshed's Chronicles*, zehn Jahre lang regiert, finden sich in *Macbeth* kaum Hinweise auf das Verstreichen einer so langen Zeit.

Die Hexenszene

Die erste Szene ist eine der bemerkenswertesten Eröffnungsszenen überhaupt in Shakespeares Gesamtwerk. Sie ist außerordentlich kurz und hat eine doppelte Funktion: Sie vermittelt eine düstere, unheimliche Stimmung und deutet das Thema des Bösen an, das sich später in Gewalt und Tod konkretisiert. Die meteorologischen Begleiterscheinungen Donner und Blitz werden nicht nur eingesetzt, um eine unheilvolle Stimmung zu erzeugen: Im alten Volksglauben galten sie, wie auch Hagel und Sturm, als Hexenwerk.

Nach der unheimlichen ersten Szene geht es in der zweiten um Machtpolitik. Wir werden mit dem Verlauf einer schrecklichen Schlacht konfrontiert (Kriegshandlungen waren damals schließlich nichts anderes

bemerkenswert: remarkable | **Eröffnungsszene:** opening scene | **Volksglaube:** popular belief

als ein politisches Machtmittel): Boten treten auf und übermitteln König Duncan die Neuigkeiten vom Schlachtfeld, über die er sich freut, denn nicht nur ist die Schlacht gewonnen, auch der Rebell Macdonwald ist tot und der Verräter Cawdor überführt. Durch diese Botenberichte erfahren die Zuschauerinnen und Zuschauer von den Taten Macbeths. Schon vor seinem Auftreten wird er als tapferer Krieger beschrieben. Duncan ist von Macbeths Leistungen so beeindruckt (er nennt ihn »noble Macbeth«, I,2, V. 69), dass er ihn zum Nachfolger des gefangen genommenen Verräters Cawdor ernennt, für den er die Todesstrafe vorsieht.

■ Berichte vom Schlachtfeld

Nach den beiden ersten Szenen wissen die Zuschauerinnen und Zuschauer, dass Macbeth in der Gunst seines Königs steht und dass die Hexen etwas mit ihm vorhaben. Die dritte Szene stellt insofern den Beginn der eigentlichen Handlung dar, als die Prophezeiungen der Hexen und Macbeths Arglosigkeit die Kette der nachfolgenden Ereignisse in Gang setzen. Unmittelbar nach der Begegnung mit den Hexen beginnt Macbeth gedanklich mit den Vorbereitungen des Mordanschlags, die den ganzen ersten Akt bestimmen.

■ Die Auslöser der Handlung

In der vierten Szene werden die Sieger der gewonnenen Schlacht gefeiert, die Machtverhältnisse neu geordnet. Überraschend für Macbeth ist die Ernen-

Botenbericht: messenger's report | **in jds. Gunst stehen:** to stand in s.o.'s favour | **Arglosigkeit:** guilelessness

nung Malcolms zum Prince of Cumberland und somit *de facto* zum Thronfolger, was Macbeths Handlungswillen bestärkt, denn das, was in der dritten Szene noch »not within the prospect of belief« (I,3, V. 74) stand, scheint jetzt plötzlich greifbar, wenn er selbst die Sache in die Hand nimmt. So treibt diese nur scheinbar retardierende Szene wesentlich die Handlung voran.

In den letzten drei Szenen des ersten Aktes dreht sich alles um die Frage, ob Macbeth Duncan töten wird oder nicht. Die Spannung steigt dadurch schon im ersten Akt fast ins Unermessliche, da die Zuschauerinnen und Zuschauer mit einer brisanten Mischung aus Gefühlskälte, Machtgelüsten und Gewaltbereitschaft, aber auch aus Skrupel und Gewissensbissen konfrontiert werden. Während gerade die berechnende Lady Macbeth die Handlung vorantreibt, indem sie Macbeth zum Mord an Duncan anstachelt, enthält der Abschnitt auch retardierende Momente, wenn Macbeth droht, den Mordplan aus Skrupel verwerfen zu wollen (I,7). Der erste Akt endet im Zeichen der Entschlossenheit des Ehepaars.

Höhepunkt der Entschlossenheit zum Bösen

Der zweite Akt beginnt mit einer kurzen Unterhaltung zwischen Banquo und Macbeth, die die Funktion hat, noch einmal die Großzügigkeit Duncans zu unterstreichen. Darüber hinaus wird klar, dass er sich auf Macbeths Burg in Sicherheit wähnt. So wird der unerhörte, ungeheuerliche Charakter der anschlie-

greifbar: within reach | **Großzügigkeit:** generosity

ßenden Mordtat Macbeths unterstrichen: Er steht kurz davor, die Regeln der Gastfreundschaft in einer entsetzlichen Art und Weise zu brechen (I,7, V. 14 f.). Unmittelbar nach Banquos Abgang erscheint der Dolch, der Macbeth zu Duncans Kammer führt, wo Macbeth ihn töten wird. (Der Königsmord findet verglichen mit anderen Tragödien Shakespeares übrigens relativ früh statt.)

Die Mordszene wird durch ein lautes Klopfen beendet, das Macbeth in seinem Zustand nicht recht deuten kann. Lady Macbeth hingegen weiß sofort, dass jemand an der Südpforte klopft. In der nächsten Szene (II,3) reagiert der Pförtner auf das Klopfen und öffnet Macduff. So wird der Augenblick höchster Spannung – der Moment unmittelbar nach dem Mord – jäh unterbrochen und die beiden Szenen zugleich kunstvoll miteinander verbunden. Doch nach dieser Szene steigert sich die Spannung wieder bis zur Entdeckung der Bluttat.

■ Kunstvolle Verbindung zweier Szenen

In der vierten Szene des zweiten Aktes wird das Geschehen von zwei Nebenfiguren kommentiert, die aktuelle Situation zusammengefasst: Der hinzustoßende Macduff äußert die Vermutung, dass Malcolm und Donalbain für den Mord an Duncan verantwortlich sind. Macbeth soll gekrönt, Duncan beigesetzt werden.

Am Anfang des dritten Aktes – es sind vermutlich einige Wochen vergangen – ist Macbeth bereits König

Regeln brechen: to break rules | **jäh unterbrochen werden:** to be interrupted suddenly

von Schottland. Die erste Zeile des dritten Aktes bestätigt dies (»Thou hast it now, King, Cawdor, Glamis, all«, III,1, V. 1), und Macbeth bewohnt zudem nun den Palast zu Forres, wo König Duncan in I,4 Malcolm zum Prinzen von Cumberland gemacht hat. Hier spielen vier Szenen des dritten Aktes. Doch für König Macbeth hat seit dem Anschlag auf Duncan nicht eine ruhmreiche Regentschaft, sondern eine Zeit der Unsicherheit begonnen. Die durch die erste Tat bedingten Verstrickungen nehmen zu, und er erkennt die Notwendigkeit, weitere Menschen zu beseitigen, will er sich seine Macht sichern. Banquo wird ermordet, aber sein Geist plagt Macbeth. Macbeth muss erkennen, dass es kein Zurück mehr gibt (III,4, V. 135–137).

Auf dem Höhepunkt der Macht

Die letzte Szene des dritten Aktes gibt einen Einblick in die Stimmung unter den schottischen Machthabern: Lennox teilt seine Erkenntnis, nicht Malcolm und Donalbain, sondern Macbeth sei für den Tod Duncans verantwortlich, mit einem namenlosen Lord. Auch dass Macbeth die beiden Kämmerer umgebracht hat, ist ihm klar geworden. Es wird zudem erwähnt, dass Malcolm sich in London aufhält. Das ist wesentlich für die weitere Handlung, denn somit wird die Möglichkeit einer militärischen Aktion gegen Macbeth angedeutet. In dieser Szene hat Lennox – wie der Chor der antiken Tragödie – eine kommentierende Funktion: Das Geschehen sowie die Verstrickungen der

Notwendigkeit: necessity | **Machthaber:** political leader | **Chor:** chorus | **Verstrickung:** entanglement

Hauptfigur werden beurteilt, die weitere Handlung gleichzeitig angedeutet.

Am Anfang des vierten Aktes trägt sich ein erneutes Treffen Macbeths mit den Hexen zu. Somit steht die Handlung im Zeichen von Macbeths Obsession. War Macbeth im ersten Akt neugierig, mehr zu erfahren, so treibt ihn jetzt eine regelrechte Begierde, die Zukunft zu kennen. Unweigerlich wird er noch weiter in die eingeschlagene Richtung getrieben. Die Warnung vor Macduff, die die Erscheinung des gepanzerten Hauptes ausspricht, und die Nachricht von seiner Flucht bewegen Macbeth dazu, dessen Familie töten zu lassen. Dieser Mord (IV,2) stellt den Höhepunkt der Brutalität Macbeths dar (und galt zeitweise als derart schockierend, dass er bei vielen Aufführungen ausgespart wurde). Lady Macduff und ihre Kinder sind unschuldig und können sich nicht zur Wehr setzen.

Höhepunkt der Brutalität

IV,3 spielt in England und verdeutlicht die unsichere politische Lage und das herrschende Misstrauen. Malcolm kann sich von Macduffs gutem Willen überzeugen – dies, zusammen mit der Nachricht von der Ermordung seiner Familie, leitet Macbeths Untergang ein. Die umständlichen Verhandlungen der beiden wirken retardierend, was damit zusammenhängt, dass auch hier darum geht, gleich einem Chor der an-

Obsession: obsession | **neugierig:** curious | **Begierde:** desire | **unweigerlich:** inevitably (*adv.*) | **Brutalität:** brutality | **schockierend:** shocking

tiken Tragödie, das Geschehen zu kommentieren. Alternierend nennen Macduff und Malcolm die üblen Taten, die Macbeth begangen hat. Macbeth hat just denjenigen zu seinem größten Feind gemacht, der nicht »of woman born« (IV,1, V. 80) ist. Die Tragödie erhält durch den Mord an Macduffs Familie Elemente einer Rachetragödie: Der militärische Feldzug gegen Macbeth hat den Zweck, in Schottland die politische Ordnung wiederherzustellen; Macduffs Ziel ist jedoch auch Rache an Macbeth für das privat erlittene Leid.

Macbeths Untergang wird eingeleitet

Der fünfte Akt steht im Zeichen von Macbeths Untergang. Er beginnt mit der Ankündigung des sich nähernden Todes Lady Macbeths (V,1). Die dritte Szene stellt Macbeths inneres Befinden dar. Zwar gibt er vor, einer militärischen Auseinandersetzung unerschrocken entgegenzusehen, jedoch verrät sein ruppiger Umgang mit seinem Personal, dass er äußerst angespannt ist. In rascher Folge wechseln die nächsten Szenen zwischen den Angreifern und Macbeth. Drei Ereignisse treiben die Handlung voran und verdeutlichen zugleich Macbeths Verstrickung und das Ausmaß seines Selbstbetrugs. In der vierten Szene erhalten Malcolms Soldaten den Befehl, sich mit Ästen von Birnam Wood zu tarnen; in der fünften erfährt Macbeth von Lady Macbeths Tod und muss hören, dass sich der Wald von Birnam auf seine Burg zubewegt; und schließlich gibt Macduff in der achten

Selbstbetrug: self-deception

Szene bekannt, er sei vor dem Entbindungstermin aus dem Leib seiner Mutter herausgeschnitten worden, also nicht »of woman born« (V,8, V. 13). Macduff tötet Macbeth.

■ Malcolm – der neue König

Den Schluss bildet die Ausrufung des neuen Königs. Die Befreiung Schottlands vom Tyrannen Macbeth, die Niederlage des Bösen wird gefeiert. Man hat einen Ausblick auf die Wiederherstellung der gottgewollten Ordnung. Das alles wird seine Zeit brauchen: Malcolm ordnet an, Exilanten aus dem Ausland zurückzuholen und die politischen Komplizen Macbeths aufzustöbern. In der letzten Zeile des Dramas lädt der neue König zu seiner Krönung ein.

Sprache und Stil

■ Reichtum der Sprache

Das Englisch der Shakespeare-Zeit zeichnete sich durch großen Reichtum aus: Nachdem in England Englisch lange Zeit als eine Art Zweitsprache gegolten hatte (als Verkehrssprachen galten stattdessen Französisch oder Latein), setzte sich im 16. Jahrhundert Englisch in fast allen Bereichen des Lebens durch. Es gab zum ersten Mal englische Übersetzungen der wichtigen literarischen Werke der Antike, und einige bemühten sich bewusst darum, die englische Sprache zu bereichern. Entwicklungen in der Wissenschaft,

gottgewollt: divine | **Exilant:** exile | **Reichtum:** richness, wealth | **Verkehrssprache:** lingua franca | **etw. bereichern:** to enrich s.th.

der Handel und nicht zuletzt Englands Aufstieg zur Weltmacht führten allerdings von selbst zu einem explosionsartigen Wachstum des Wortschatzes.

Dieser neue Reichtum der Sprache, das ungeheuer große Vokabular, das man auf der Bühne beliebig einsetzen konnte, das Fehlen fester Grammatikregeln – all das sorgte für Flexibilität im sprachlichen Ausdruck und machte Shakespeares Sprachkunst erst möglich. Shakespeare zögerte nicht, aus Nomen Verben zu machen (»Season your admiration for a while«, *Hamlet*, I,2). Viele Wörter, die heute noch gebräuchlich sind, wurden von Shakespeare geprägt: ›assassination‹, ›courtship‹, ›eventful‹, ›laughable‹, ›premeditated‹, um nur einige Beispiele zu nennen. Darüber hinaus gibt es viele Redewendungen, die auf Shakespeare zurückgehen. Einige der bekanntesten sind: »in my mind's eye« (*Hamlet*, I,2), »at one fell swoop« (*Macbeth*, IV,3), »cold comfort« (*King John*, V,7), »with bated breath« (*The Merchant of Venice*, I,3) und »what the dickens« (*The Merry Wives of Windsor*, III,2).

Vers

Das vorherrschende Versmaß in *Macbeth* wie in Shakespeares Dramen überhaupt ist der jambische Pentameter. Jeder Vers weist fünf Hebungen auf, wobei un-

Vokabular: vocabulary | **Grammatikregel:** grammar rule | **Flexibilität:** flexibility | **jambischer Pentameter:** iambic pentameter

Der Blankvers

betonte und betonte Silben miteinander abwechseln. Da kein Reim vorhanden ist, spricht man vom Blankvers, einem Versmaß, das seit Mitte des 16. Jahrhunderts in Mode war (und etwa ab Mitte des 18. Jahrhunderts auch in Deutschland beliebt war). Es gibt eine Reihe von stilistischen Merkmalen wie interne Zäsuren, Versfußveränderungen und andere Kunstgriffe, mit denen Shakespeare die Möglichkeiten des Versmaßes voll ausschöpft und an die Grenze zur Prosa geht. Shakespeare konnte dadurch sowohl eine lebhafte, volksnahe Umgangssprache als auch eine rhetorisch ausgeschmückte, gehobene Sprache auf der Bühne zur Geltung kommen lassen. Sehr häufig sind Zeilensprünge (sogenannte Enjambements), bei denen die Satzkonstruktion bzw. eine Sinneinheit über das Versende hinausgeht:

> Thriftless Ambition, that will ravin up
> Thine own life's means! – Then 'tis most like
> The sovereignty will fall upon Macbeth.
>
> (II,4, V. 28–30)

Sinn und Zweck des Reims

Der fehlende Reim ist ein Merkmal des Blankverses, aber gelegentlich, vornehmlich am Ende einer Szene, benutzt Shakespeare Paarreime, sogenannte *rhyming couplets*, deren Reim das Ende einer Szene, einen

Blankvers: blank verse | **etw. ausschöpfen:** to exhaust s.th. | **volksnah:** down-to-earth | **Zeilensprung:** enjambement | **vornehmlich:** especially

neuen Beschluss oder eine Erkenntnis des Sprechenden signalisiert. Bezeichnenderweise ist es Macbeth selbst, der davon am meisten Gebrauch macht:

> Away, and mock the time with fairest show:
> False face must hide what the false heart
> doth know. (I,7, V. 82 f.)

> Hear it not, Duncan; for it is a knell
> That summons thee to Heaven, or to Hell. (II,1, V. 63 f.)

> It is concluded: Banquo, thy soul's flight,
> If it find Heaven, must find it out to-night.
> (III,1, V. 140 f.)

Macbeths gereimte Zweizeiler heben seine nach langem Ringen mit sich selbst zustande gekommenen Beschlüsse hervor und schaffen zugleich eine Verbindung zu jenen anderen Figuren, die in *Macbeth* so gerne den Reim als Stilmittel einsetzen: zu den Hexen. Besonders häufig kommt dieses Stilmittel im fünften Akt vor, in dem Macbeth fest entschlossen ist weiterzukämpfen (V,5, V. 51 f.; V,7, V. 12 f.). Auch Macbeths letzte Worte sind ein solcher Zweizeiler. Ihm ist weder eine ergreifende Rede, noch ein pathetischer Abschied vergönnt, sondern ein banaler Reim auf den Namen seines Widersachers:

ergreifend: gripping | **pathetisch:** full of pathos | **banal:** banal | **Widersacher:** adversary

before my body
I throw my warlike shield: lay on, Macduff;
And damn'd be him that first cries, »Hold,
enough!« (V,8, V. 32–34)

Prosa

Etwa sieben Prozent des Gesamttextes von *Macbeth* bestehen aus Prosa. Das ist im Vergleich nicht nur zu den Komödien, die grundsätzlich mehr Prosa enthalten, sondern auch zu seinen anderen Tragödien sehr wenig. In *Macbeth* wie in den Tragödien Shakespeares generell wird Prosa immer nur in bestimmten Kontexten eingesetzt. Briefe sind zum Beispiel in der Regel in Prosa gehalten. Am Anfang der fünften Szene des ersten Akts liest Lady Macbeth den Brief ihres Mannes über die Begegnung mit den Hexen. Nach Lektüre des Prosatextes, der Verheißungsvolles enthält, geht sie sofort zum Blankvers über und liefert einen hochpoetischen und vielschichtigen Monolog. Figuren aus den niederen Ständen sprechen Prosa – für sie wäre Poesie nicht angebracht. Der Porter ist hierfür ein gutes Beispiel: Er ist ein schlichtes Gemüt und zudem stark betrunken. Prosa ist nicht nur die für ihn angemessene Ausdrucksweise, sondern sie begünstigt auch noch den unaufhaltbaren Fluss seiner witzigen und teilweise anzüglichen Beobachtungen.

in bestimmten Kontexten: in certain contexts | **die niederen Stände:** the lower classes | **unaufhaltbar:** unstoppable | **anzüglich:** indecent, rude

Gelegentlich wird innerhalb einer Szene zwischen Vers und Prosa gewechselt. Ein solcher Wechsel geschieht nicht von ungefähr, sondern hat eine bestimmte dramatische Funktion. Während des Gesprächs zwischen Lady Macduff und ihrem kleinen Sohn (IV,2) dient Prosa zur Herstellung der Intimität zwischen Mutter und Sohn. Pathos und Poesie wären hier fehl am Platz. Lady Macbeths geistige Umnachtung wird in Prosa dargestellt, weil in dieser außergewöhnlichen Situation eine poetische Sprache unecht und gekünstelt wirken würde; nachdem Lady Macbeth wieder gegangen ist, reflektiert der entsetzte Arzt über ihren Zustand im Blankvers, denn seine Beobachtungen sind sowohl auf persönlicher Ebene als auch für den ganzen Staat bedeutsam.

Wechsel zwischen Vers und Prosa

Die Sprache der Hexen

Die Hexen benutzen ein vierhebiges Versmaß (Tetrameter). Das hebt sie sehr deutlich von den übrigen Figuren ab. Zudem ist der Rhythmus ein anderer: Er wirkt schlicht und kindisch, denn es handelt sich im Gegensatz zum auftaktigen und dadurch lebhafteren jambischen Blankvers um Trochäen. Ein vierhebiger Vers eignet sich weder für komplizierte Überlegungen noch für Pathetisches. Vielmehr betont er das Primitive, Schlichte. Dies wird besonders deutlich am

Pathos: pathos | **Trochäus:** trochee

Anfang des vierten Aktes. Die Zutaten eines Gebräus werden aufgelistet:

> Éye of néwt, and tóe of fróg,
> Wóol of bát, and tóngue of dóg (IV,1, V. 14 f.)

Hier ist das Versmaß die ideale Ausdrucksform zur Beschreibung eines ritualisierten Vorgangs.

■ Anthithetische Sprache der Hexen und Macbeths

Die Hexen äußern sich als Urheberinnen der Prophezeiungen doppeldeutig – wie übrigens typisch für Orakel: »When the battle's lost and won« (I,1, V. 4); »Fair is foul, and foul is fair« (I,1, V. 11); »Lesser than Macbeth, and greater« (I,3, V. 65); »Not so happy, yet much happier« (I,3, V. 66). Auf diese antithetische Ausdrucksweise greift auch Macbeth zurück, der somit durch seinen Sprachgebrauch in Beziehung zu den Hexen gebracht wird. Er ist ihnen verfallen, schon bevor er ihnen überhaupt begegnet. Unmittelbar vor der Begegnung fängt er die Stimmung ein: »So foul and fair a day I have not seen« (I,3, V. 38); und nach den Prophezeiungen der Hexen kommentiert er: »This supernatural soliciting / Cannot be ill; cannot be good« (I,3, V. 130 f.) – das, was er hört, kann weder allein übel, noch allein gut sein.

Gebräu: brew | **ritualisiert:** ritualised | **antithetisch:** antithetic

Metaphorik

Metaphern und Symbole lassen komplexe Vorgänge und Botschaften verständlicher und wirksamer erscheinen. In *Macbeth* ist das Blut allgegenwärtig; über vierzig Mal wird das Wort *blood* erwähnt. Das Drama beginnt mit einer Schlacht, von der ein blutbesudelter Offizier zurückkehrt – »What bloody man is that?« (I,2, V. 1), fragt Duncan –, um von Macbeths blutigen Taten zu berichten, unter anderem, wie er einen Menschen buchstäblich zerteilte (I,2); und mit Blutvergießen – Macbeths Enthauptung – endet auch die Handlung. Wenn Macbeth unmittelbar nach dem Mord an Duncan von »hangman's hands« (II,2, V. 27) spricht, spielt er dabei auf die Aufgabe des Henkers an, den Hingerichteten auch die Eingeweide zu entfernen. Mit der Wendung »It will have blood, they say: blood will have blood« (III,4, V. 121) spielt Macbeth auf eine (damals) bekannte Redensart *blood will have blood* an: ein Mörder wird immer entdeckt werden, die Vergeltung ist sicher.

■ Blut – allgegenwärtig

In vielen Fällen ist Blut mit Schuld gleichzusetzen: Ob der ganze Ozean seine Hände vom Blut reinigen könne, fragt Macbeth nach dem Mord an Duncan und antwortet selbst: nein; vielmehr würden seine blutigen Hände das Wasser der Weltmeere rot färben (II,2, V. 59–62). Lady Macbeths anschließende Bemerkung »A little water clears us of this deed« (II,2, V. 66) ist

■ Blut – Schuld

Metapher: metaphor | **allgegenwärtig:** omnipresent

angesichts ihres Schicksals höchst ironisch: Am Anfang des fünften Aktes sehen wir eine Frau, die an den psychischen Folgen ihrer Schuld zugrunde gegangen ist. Sie erkennt Blutflecken an ihren Händen, die sie zwanghaft zu entfernen versucht, und sie glaubt sogar, das Blut riechen zu können.

Das entsetzliche Bild eines durch Blut watenden Verbrechers, dem es zu mühsam wäre, umzukehren, ist schließlich Ausdruck für Macbeths Verstrickung in einen Zyklus von Gewalt, den er selber begonnen hat:

I am in blood
Stepp'd in so far, that, should I wade no more,
Returning were as tedious as go o'er. (III,4, V. 135–137)

Auflistungen

In *Macbeth* lässt Shakespeare seine Figuren an entscheidenden Stellen mit besonderer Wirkung Listen erstellen. Ein sehr auffälliges und groteskes Beispiel für diese Vorliebe für Auflistungen findet sich in Szene IV,1: Die Hexen zählen die Tiere und zKörperteile auf, die in den Kessel hineingelegt werden. In der Rede des Pförtners werden antithetisch die Wirkungen des Alkohols aufgelistet: »it makes him, and it mars him; it sets him on, and it takes him off; it persuades

■ Körperteile …

angesichts etw.: in view of s.th. | **zwanghaft:** compulsively (*adv.*) | **watend:** wading | **grotesk:** grotesque

him, and disheartens him; makes him stand to, and not stand to« (II,3, nach [29]). Gemeint ist die Auswirkung des Alkohols auf die sexuelle Lust; aber man denkt dabei auch an den Unterschied zwischen Wollen und Handeln, der mehrmals in *Macbeth* thematisiert wird.

Als Macbeth die Mörder, die sich rühmen, »men« (III,1, V. 91) zu sein, zur Schandtat überreden möchte, benutzt er ebenfalls eine Liste (III,1, V. 91–107): Er zählt Hunderassen auf, um die Mörder einzuschüchtern. Die Männer, so versucht Macbeth zu vermitteln, würden zwar zur Kategorie Mann gehören, ebenso wie die verschiedenen Hunderassen alle zur Kategorie Hund gehören würden – doch ebenso wie sich die einzelnen Hunde durch ganz verschiedene Eigenschaften auszeichnen würden, müssten auch die Männer nicht alle unter denselben Bedingungen leben: Macbeth fordert die Männer also mittels einer Analogie dazu auf, sich durch ihre Tat eine besondere Stellung innerhalb der Gesellschaft zu sichern.

… Hunderassen …

Malcolm, der in England Macduff etwas argwöhnisch empfängt, benutzt eine Auflistung als rhetorisches Mittel, um diesen auf die Probe zu stellen: Erst nennt er Macbeths Züge (»Luxurious, avaricious, false, deceitful / Sudden, malicious«, IV,3, V. 58 f. – also: wollüstig, habgierig, falsch, unaufrichtig, aufbrausend, boshaft), um dann seine eigenen angeblichen Schwä-

Hunderasse: dog breed | **jdn. einschüchtern:** to intimidate s.o. | **Eigenschaft:** quality

■ … königliche Tugenden

chen hervorzuheben und diese mit den königlichen Tugenden zu vergleichen, über die er angeblich nicht verfügt:

> the king-becoming graces,
> As Justice, Verity, Temp'rance, Stableness,
> Bounty, Perserverance, Mercy, Lowliness,
> Devotion, Patience, Courage, Fortitude
>
> (IV,3, V. 91–94),

also Gerechtigkeit, Wahrhaftigkeit, Mäßigkeit, Beständigkeit, Großzügigkeit, Ausdauer, Milde, Demut, Ergebenheit, Geduld, Mut, Stärke. Diese Auflistung lässt nicht nur Macbeths Charakterzüge umso ungünstiger, sein Verhalten umso schändlicher erscheinen, sondern beschreibt auch ein Ideal, das nirgendwo in der Wirklichkeit des Dramas anzutreffen ist. Erst nachdem Macduff seine Verzweiflung darüber zum Ausdruck bringt, dass auch Malcolm keine ›königlichen‹ Eigenschaften besitzt, gibt Malcolm zu, ihn lediglich auf die Probe gestellt zu haben.

Monologe

■ Blick in die Psyche

In den Monologen Macbeths erfährt das Publikum vom Ausmaß seiner Schuldgefühle, seiner Verwirrung, Verunsicherung und Verzweiflung. Sie sind daher von zentraler Bedeutung, denn ohne die Monolo-

königlich: regal | **Charakterzug:** character trait

ge wäre Macbeth nicht mehr als ein grausamer Tyrann. Besonders in den Monologen finden sich starke Bilder, eine dichte, intensive Sprache und rätselhafte Aussagen, deren Deutung bis heute teilweise umstritten ist. Auch Lady Macbeths Monolog aus dem ersten Akt gehört zu den sprachlich anspruchsvollsten Stellen des Dramas. Im Folgenden werden die wichtigsten Monologe des Stückes kurz analysiert.

a) *Macbeth: I,3, V. 130–142 (»This supernatural soliciting …«)*

Macbeth, der gerade erfahren hat, dass er Thane of Cawdor ist, wie die Hexen es vorausgesagt hatten, denkt abseits der anderen anwesenden Figuren erstmals über den Königsmord nach. Auffällig ist seine antithetische Ausdrucksweise: Die Aussagen der Hexen können weder allein gut noch allein übel sein. Sie sind insofern gut, als sich eine Ruhm versprechende Aussage schon bewahrheitet hat: Macbeth ist zum Thane of Cawdor ernannt worden. Doch gleichzeitig wird Macbeth durch sie zu üblem Handeln verleitet: Schon jetzt denkt er an die Ermordung Duncans; er spricht von einem »horrid image« (I,3, V. 135), schreckt vor der Tat zurück und fühlt sich gleichzeitig zu ihr verleitet. Die Worte (»suggestion[s]«, I,3, V. 134) der Hexen geben Anlass zu einer schrecklichen Vorstellung in seinem Geiste (»image«, I,3, V. 135). Der Ge-

rätselhaft: puzzling | **anspruchsvoll:** challenging | **gleichzeitig:** simultaneously (*adv.*); at the same time

Rätselhafte Schlussfolgerung

danke daran erschüttert sein ganzes Wesen. In der letzten Zeile äußert er die rätselhafte Schlussfolgerung über seine neue Situation: »nothing is, but what is not« (I,3, V. 142) – sein ganzes Wesen ist von der Vorstellung einer Tat eingenommen, die ihn zum König machen könnte, und von den damit verbundenen Spekulationen und Fantasien beherrscht.

b) *Lady Macbeth: I,5, V. 38–54 (»The raven himself is hoarse ...«)*

Nach der Lektüre des Briefes (I,5, vor V. 15) ist sich Lady Macbeth sicher: Ihr Mann wird König sein (das Wort König spricht sie allerdings nicht aus). Aber sie hat Bedenken: Sie kennt ihren Mann nur zu gut und hält ihn für zu gutmütig. Er sei zwar ehrgeizig, aber ihm fehle die notwendige Schlechtigkeit (»illness«, I,5, V. 20), um seine Ziele zu erreichen. Er solle daher nach Hause eilen, damit sie ihm die Rücksichtslosigkeit einreden könne, die für das Erlangen des Königstitels nötig sei.

Nun wird ihr mitgeteilt, dass der König noch am Abend eintreffen wird, und Lady Macbeth wittert eine Chance, ihn gleich zu beseitigen. Sie spricht im Monolog bezeichnenderweise vom schicksalhaften Kommen Duncans in *ihre* Festung und inszeniert sich selbst als Duncans Hauptgegnerin. Lady Macbeth beschwört dunkle Geister, um sich auf die Tat vorzube-

von etw. eingenommen sein: to be taken with s.th. | **Spekulation:** speculation, conjecture | **Fantasie:** fantasy | **ehrgeizig:** ambitious

reiten: Unweiblich will sie werden (»unsex me here«, I,5, V. 41), äußerste Grausamkeit soll sie erfüllen, von Kopf bis Fuß. Das ihrem Geschlecht zugeschriebene Mitleid soll außer Kraft gesetzt werden, damit sie ihr Vorhaben ohne Gewissensbisse umsetzen kann, wie sie in eindrucksvoller Bildsprache deutlich macht: Aus ihren Brüsten soll nicht Milch, sondern bittere Galle fließen. Schwarze Nacht soll ihre Tat verdecken, dass selbst der Himmel nicht eingreifen kann. Dieser Monolog ist eine eindrucksvolle und äußerst düstere Stelle des Dramas.

Wunsch nach personifizierter Grausamkeit

c) *Macbeth: I,7, V. 1–28 (»If it were done, when 'tis done …«)*

Macbeth macht sich abseits der Abendgesellschaft Gedanken darüber, was er tun soll. Im Gegensatz zu Lady Macbeth, die sich gedanklich auf die Bluttat vorbereitet hat, scheint Macbeth noch zu zaudern. Die ersten Zeilen wirken wie ein Zungenbrecher und spiegeln Macbeths Unsicherheit wider: »If it were done, when 'tis done, then 'twere well / It were done quickly« (I,7, V. 1 f.).

Macbeth zögert

Der Monolog ist in vieler Hinsicht spekulativ und philosophisch. Macbeth wünscht sich, dass die Tat allein zum Erlangen des Königstitels führt und keine weiteren Konsequenzen hat (»the be-all and the end-all«, I,7, V. 5), aber er erahnt die Folgen einer solchen Handlung. Vor allem weiß er, dass es besonders

bittere Galle: bitter gall | **Zungenbrecher:** tongue-twister schändlich wäre, gerade als Gastgeber den König zu töten. Dass der König allgemein beliebt ist und von allen Seiten beweint würde, macht die Sache noch schlimmer. So bleibt zum Schluss des Monologs der Eindruck eines heftig mit sich Ringenden.

d) *Macbeth: III,1, V. 47–71 (»To be thus is nothing …«)* König zu sein, ist nichts, es sei denn, man ist sich seiner Lage sicher – so der Gedanke, mit dem Macbeth diesen Monolog eröffnet. Vor allem Banquo beunruhigt ihn. Macbeth blickt zweifelnd auf Banquos Verhalten, das von Weisheit und Tapferkeit gekennzeichnet ist: »He hath a wisdom that doth guide his valour / To act in safety« (III,1, V. 52 f.). Banquo, dem ebenfalls eine Prophezeiung der Hexen galt, hat abgewartet, während Macbeth sogleich zur Tat schritt. Da Banquos Nachkommen Könige sein werden (so haben es zumindest die Hexen vorausgesagt), empfindet Macbeth seinen Status als König als »fruitless« (fruchtlos, vergeblich; III,1, V. 60) und »barren« (unfruchtbar; III,1, V. 61). Dass der Mord an Duncan Banquos Nachkommen zugutekommen wird und dass Macbeths Seelenheil dafür zu Schaden gekommen ist, ist für ihn besonders bitter. Sein Entschluss darum: Er will gegen das Schicksal ankämpfen und für den Tod Banquos sorgen. Die zwei Mörder treten im Anschluss an den Monolog auf, um ihren Auftrag zu empfangen.

Sinnlose Errungenschaften

von jdm. beweint werden: to be mourned by s.o. | **Seelenheil:** salvation

e) *Macbeth: V,5, V. 17–28 (»She should have died hereafter ...«)*

Dies ist wohl der berühmteste Monolog des Dramas. Macbeth hat gerade vom Tod seiner Frau erfahren. Er beschreibt ihr Schicksal in der ersten Zeile mit einer Formulierung, die etwas salopp klingt: »She should have died hereafter: / There would have been a time for such a word.« (V,5, V. 17 f.)

Die Bedeutung dieser Zeilen ist in der Shakespeare-Forschung umstritten. Es gibt zwei Interpretationsmöglichkeiten: ›Sie hätte später sterben sollen, zu einem anderen Zeitpunkt, zu dem man ordentlich hätte trauern können.‹ Oder aber: ›Sie wäre später ohnehin gestorben; die Nachricht über ihren Tod wäre ohnehin irgendwann eingetroffen.‹ Die Ahnung einer großen Zukunft, der Macbeth im ersten Akt in so vielfältiger Weise Ausdruck gegeben hat, weicht dem banalen Dahinfließen der bedeutungslos gewordenen Zeit: »To-morrow, and to-morrow, and to-morrow, / Creeps in this petty pace from day to day« (V,5, V. 19 f.).

Doppeldeutige Aussagen

Die Menschen orientieren sich an der Zeit, achten auf sie, um ihrem Leben einen Sinn zu geben, aber Macbeth kann darin zuletzt keinen Sinn erkennen. Am Ende des Weges steht ohnehin der Tod. Mit dem Bild der Kerze (»Out, out, brief candle! / Life's but a walking shadow«, V,5, V. 23 f.) spielt Macbeth nicht nur auf die Kürze und Fragilität des Lebens an, sondern

salopp: casual | **Ahnung:** anticipation

auch auf seine Rolle als König. *Shadow* war zu Shakespeares Zeiten eine gängige Metapher für Schauspieler; das Leben wird also mit einem Schauspieler verglichen. Wenn Macbeths Leben, einschließlich seiner kurzen Zeit als König, lediglich gespielt, kurz, sinnlos ist, wird sein absurdes Treiben umso deutlicher. Auf einer anderen Ebene wird durch diese Metapher sowohl die Vergänglichkeit der Schauspieler als auch die Kürze der Theatervorstellung thematisiert.

Die Monologe: Blick ins Innenleben einer Figur

Insgesamt lebt *Macbeth* in besonderer Weise von der poetischen Sprache. Dies fällt umso mehr auf, da Nebenhandlungen und komplexe Intrigen fehlen, die Leserinnen und Leser also keinen verworrenen Handlungssträngen folgen müssen und daher ein besonderes Augenmerk auf die sprachlichen Eigenheiten des Textes legen können. Und so verdienen die Monologe eine genaue Lektüre. Obwohl Macbeth und Lady Macbeth Grausames, Unmenschliches tun, verleihen die Monologe ihnen doch eine menschliche Seite. Nur so kann man übrigens von einer Tragödie sprechen, denn fehlte diese – der Zweifel, die Unsicherheit, die Machtgelüste, die Lust, die Sachen selbst in die Hand zu nehmen –, wäre es weder möglich, mit den Figuren auf der Bühne Mitleid zu empfinden, noch würde das Stück die Zuschauerinnen und Zuschauer in seinen Bann ziehen (siehe hierzu den Abschnitt »Macbeth: Monster oder Mensch?«, S. 89–91 dieses Lektüreschlüssels).

gängig: established

5. Quellen und Kontexte

Die historischen Hintergründe: King James I und *Macbeth*

1603 wurde James, ein entfernter Cousin von Elizabeth I, König von England und Irland. Bereits in Schottland, wo er als James VI bereits seit 1567 als König amtierte, war er als kunstsinniger Regent aufgefallen. Eine seiner ersten Amtshandlungen als König von England war es, die Theatergruppe, bei der Shakespeare tätig war, unter die Gönnerschaft der königlichen Familie zu stellen. Die *Chamberlain's Men* wurden somit die *King's Men*.

Ein Schotte war König von England geworden; und er war Shakespeares neuer Gönner. Das waren gute Gründe für Shakespeare, ein Drama, das auf schottischem Boden spielt, zu verfassen. Aber Vorsicht war geboten, denn es galt als unzulässig, lebende Regenten auf der Bühne darzustellen: Das Risiko, dass dadurch ihre Autorität in Gefahr gebracht wird, wäre zu groß gewesen. Wie schon bei einigen seiner in den 1590er Jahren entstandenen Historien (siehe Kapitel 7: »Autor und Zeit« dieses Lektüreschlüssels, S. 113 f.) griff Shakespeare also in *Macbeth* auf geschichtliche Zusammenhänge zurück, um ein Licht auf aktuelle Zusammenhänge zu werfen.

Ein Schotte wird englischer König

entfernt: distant | **kunstsinnig:** interested in the arts | **Amtshandlung:** official act | **Gönnerschaft:** patronage | **unzulässig:** inadmissible

■ Banquo – ein Vorfahre James'

Sinn und Zweck dieses Blickes auf die schottische Geschichte werden deutlich, betrachtet man die historische Person des Banquo, der als Vorfahre James' I galt. In der ersten Szene des vierten Aktes zeigen die Hexen dem wissbegierigen Macbeth acht Könige. Banquos Geste (»Banquo smiles upon me, / And points at them for his«, IV,1, V. 123 f.) macht dabei deutlich, dass es sich um seine Nachkommen handelt. James berief sich auf diese Nachkommenschaft und hielt seine Regentschaft für eine Fortsetzung dieser Linie. Daher ist es verständlich, dass der königliche Urahn Banquo in *Macbeth* überwiegend positiv dargestellt wird; in der Quelle hingegen – *Holinshed's Chronicles* – ist Banquo Macbeths Komplize. Seine Entlastung in Shakespeares Drama geschieht aus Rücksicht auf den König James I.

■ The Gunpowder Plot

Abgesehen von diesen Zusammenhängen gibt es viele kleine Details, die auf damalige aktuelle Ereignisse einer politisch sehr unruhigen Zeit anspielen. Ende 1605 hatte eine Gruppe von Katholiken beim sogenannten Gunpowder Plot versucht, James I zu töten. Um die Vereitelung des Anschlags zu feiern, ließ James eine Münze prägen. Darauf war eine Schlange zu sehen, die sich hinter Blumen versteckte. Es ist wahrscheinlich, dass Lady Macbeths Aufforderung »look like th'innocent flower, / But be the serpent un-

wissbegierig: thirsty for knowledge | **Quelle:** source | **Entlastung:** exoneration | **aus Rücksicht auf jdn.:** out of consideration for s.o. | **Vereitelung:** prevention, thwarting | **Anschlag:** plot

Abb. 8: Banquo and his supposed descendants, including King James VI of Scotland. Abbildung in John Leslies *De origine, moribus et rebus gestis Scotorum* (1578)

der't« (I,5, V. 65 f.) auf dieses aussagekräftige Bild anspielt. Wenn der Pförtner von einem »equivocator« (II,3, nach [5]) spricht, spielt er auf den Jesuiten Henry Garnet an, der im März 1606 wegen Mitschuld am Gunpowder Plot hingerichtet wurde und sich beim Prozess durch *equivocation* – *to equivocate* heißt so viel wie ›durch mehrdeutige Aussagen die Wahrheit verschleiern‹ – zu verteidigen versucht hatte. Daher halten einige Forscher es für wahrscheinlich, dass das Stück frühestens 1605 enstanden ist.

James I und die Hexen

In *Macbeth* beherrschen vor allem die Hexen die Kunst der *equivocation*, und auch hierin ist ein Bezug zur Zeitgeschichte zu erkennen, denn in Sachen Hexen hielt sich James I für einen Experten. Er verfasste sogar ein Werk über das Hexenwesen, *Daemonologie* (1597), das einige der Praktiken und Züge der vermeintlichen Hexen beschreibt, die auch in *Macbeth* auf der Bühne dargestellt werden. Auch die Tatsache, dass der englische König durch bloßes Berühren Kranke heilen kann (IV,3, V. 146–159), spielt auf James I an, der angeblich eine ähnliche Begabung hatte. Aus dem Jahr 1613 stammt ein Bericht über eine solche Audienz bei ihm, während der er mit den Worten »Le Roy vous touche, Dieu vous guery« (›Der König berührt dich, möge Gott dich heilen‹) die Hautkranken berührt habe. In Shakespeares Drama wird so ein Kontrast zwischen dem schottischen König und den Übeltaten Macbeths hergestellt.

Thronfolge, *Tanistry* und Gottesgnadentum

Die Frage der Thronfolge wurde unter der Regentschaft Elizabeths I sehr kontrovers diskutiert, denn sie hat nicht geheiratet und ist kinderlos geblieben. Wie sollte dann die Thronfolge geregelt werden? Hatte das Parlament das Recht, sich einzumischen? Bei der Wahl des Schotten James war die Sache besonders heikel, denn trotz seines nachdrücklichen Bekenntnisses zum Protestantismus hatte man in England Bedenken, da seine Mutter, Mary Stuart, Katholikin gewesen war (sie war 1587 auf Geheiß Elizabeths I hingerichtet worden).

Die Frage der Thronfolge war also für Shakespeares Publikum nicht von historischem Interesse, sondern noch ganz aktuell und hatte eventuell praktische Auswirkungen auf das alltägliche Leben. Während Elizabeth I, die 1558–1603 regierte, sehr wenig über ihre Ansichten veröffentlichte, war James I in dieser Hinsicht sehr produktiv. Sein *The True Law of Free Monarchies* wurde zum Beispiel anlässlich seiner Krönung neu aufgelegt und viel gelesen. James I glaubte an das Gottesgnadentum, demzufolge der Herrscher durch den Willen Gottes legitimiert wird (er war natürlich nicht der erste Monarch, der an diese aus der Bibel abgeleitete Lehre glaubte).

Gottesgnadentum

kontrovers: controversially (*adv.*) | **Parlament:** parliament | **sich einmischen:** to become/get involved | **nachdrücklich:** emphatic | **anlässlich etw.:** on the occasion of s.th. | **Gottesgnadentum:** the divine right of kings

Macbeth thematisiert die Frage der Thronfolge und die damit verbundenen politischen Sorgen in vielfältiger, aber oft indirekter Weise und bestätigt James I als rechtmäßigen Herrscher Englands. Die Frage der Thronfolge ist dabei – sowohl historisch als auch als Thema des Dramas – komplizierter, als man zunächst annehmen mag. Denn in Schottland herrschte ein anderes System zur Bestimmung des Regenten als die Primogenitur (Erstgeborenenrecht). Im ersten Akt ernennt Duncan seinen Sohn zum Prinzen von Cumberland und somit zum Thronfolger – aber wäre er nicht als ältester Sohn ohnehin nach Duncans Tod König geworden? Nein, denn im Schottland des 11. Jahrhunderts galt nicht das bekannte Prinzip der Primogenitur, sondern *Tanistry*, ein System, wonach der Thronnachfolger durch eine Versammlung schottischer Adeliger gewählt bzw. ernannt wurde (oft entstammte er einem parallelen Familienzweig, war etwa ein Neffe des aktuellen Herrschers). Macbeth hätte als tapferer Soldat und treuer Diener gute Chancen, zum Thronnachfolger ernannt zu werden, muss aber nun zusehen, wie einem anderen diese Ehre zugesprochen wird. James I selbst bestritt übrigens in seinem Werk *The True Law of Free Monarchies* (1598), dass es in Schottland je ein anderes System zur Regelung der Thronfolge gab als das Erstgeborenenrecht – ein Hinweis auf die Signifikanz dieser Thematik für den neuen englischen König und für sein Bedürfnis,

rechtmäßig: rightful | **Familienzweig:** family line

seine Regentschaft durch einen eigenwilligen Blick auf die Geschichte zu sichern.

Macbeth ermordet Duncan. Wie wird er aber nun König? Der designierte Thronfolger Malcolm wähnt sich in Gefahr und flüchtet nach England (dass er nicht geblieben ist, um der schwierigen Lage Herr zu werden, wirft zunächst kein gutes Licht auf ihn, doch er kehrt zurück, um den Tyrannen Macbeth zu stürzen). Nun müssen die Klanführer den stärksten und geeignetsten *Thane* zum König wählen. Wie Rosse Ende des zweiten Aktes andeutet, ist Macbeth eine naheliegende Wahl (II,4, V. 29 f.), und am Anfang des dritten Aktes ist Macbeth tatsächlich König. Die Wahl selbst wird nicht auf der Bühne dargestellt, ja, es hat den Anschein, als hätte Shakespeare diese Verhandlungen bewusst ausgespart.

■ Wie Macbeth König wird

Macbeth fürchtet vor allem, dass seine Nachkommen[3] nicht herrschen werden. Banquo hingegen hatten die Hexen vorausgesagt, er werde ein »father to a line of kings« (III,1, V. 59). Die Hexen zeigen im vierten Akt eine ungebrochene Erbschaftslinie männlicher Regenten – damit bestätigt das Drama *Macbeth* nicht nur die Rechtmäßigkeit der königlichen Stellung James' I, die sich aus seiner Verwandtschaft mit Banquo ergibt, sondern auch das Prinzip der Primogenitur.

Klanführer: clan leader | **naheliegend:** obvious | **Prinzip:** principle

Grundsätzlich legt die Botschaft von *Macbeth*, James I sei als Nachkomme Banquos ein rechtmäßiger Herrscher, die Annahme nahe, dass der König *Macbeth* mit Gefallen aufgenommen haben könnte. Bedenkt man, dass 1605 ein Anschlag gegen ihn geplant war, dass er bereits als schottischer König eine Entmachtung befürchtet hatte, dass seine eigenen Eltern durch Gewalt ihr Leben ließen und dass er gepolsterte Kleidung als Schutz gegen Anschläge trug, so wird die Aktualität des für den neuen König geschriebenen Stückes deutlich.

Bezüge zu zeitgenössischen Bühnenstücken

Shakespeare schuf sein Werk nicht aus einem Vakuum heraus, sondern war von der Literatur seiner Zeit geprägt. Wie bei einigen anderen Werken Shakespeares auch ist der Einfluss von Zeitgenossen sehr deutlich zu erkennen, und er beschränkt sich tatsächlich nicht allein auf stilistische und inhaltliche Inspiration, sondern beinhaltet auch ein schriftstellerisches Mitwirken: Die Szenen, in denen Hecate auftritt (IV,1, V. 39–43), stammen vermutlich vom englischen Dramatiker Thomas Middleton (1580–1627).

■ Anleihen bei anderen Genres

Eine Gattung, die Shakespeare beeinflusst haben mag, sind die *Miracle Plays*, die in England seit dem Mittelalter der Unterhaltung und Belehrung dienten.

Entmachtung: disempowerment | **gepolstert:** padded | **Unterhaltung:** entertainment

Es handelt sich um inszenierte Bibelgeschichten, die ursprünglich in Kirchen aufgeführt wurden. Sie wurden mit der Zeit immer beliebter und aufwändiger; auch Aufführungen unter freiem Himmel waren häufig. Es ist wahrscheinlich, dass der Pförtner in *Macbeth* aus dieser Tradition stammt. Im Drama *Harrowing of Hell*, in dem die Hölle als Burg dargestellt wird, heißt der Pförtner Rybald – *ribald* bedeutet ›derb‹. Auch der Pförtner aus *Macbeth* meint, er bewache die Höllenpforten; und auch er hat einen ausgesprochen derben Humor.

Neben der Figur des Pförtners ist wohl auch die des Macduff von dem Stück inspiriert: In *Harrowing of Hell* fährt Christus nach seiner Kreuzigung zur Hölle und klopft an der Pforte, wo er vom Satan verlangt, dass er die Seelen der Patriarchen und Propheten freigibt. In *Macbeth* erfüllt Macduff eine ähnliche Funktion. Er ist es, der am Burgtor klopft; er entdeckt den Mord. Im vierten Akt verliert er seine Familie und verzweifelt kurz. Doch er kehrt zurück und dringt ein zweites Mal in die Burg ein, diesmal, um Macbeth zu töten und Schottland aus dem Dunkeln ins Licht zu führen. Er ist gewissermaßen ein Lichtbringer.

In den *Morality Plays* wird eine Figur mit einem moralischen Problem konfrontiert. Obwohl *Macbeth*

Bibelgeschichte: story from the Bible; Bible story | **ursprünglich:** originally (*adv.*) | **aufwändig:** elaborate | **unter freiem Himmel:** open-air | **Kreuzigung:** crucifixion | **Patriarch:** patriarch | **Prophet:** prophet | **Lichtbringer:** light bearer | **moralisches Problem:** moral problem

weitaus komplexer ist als ein *Morality Play*, behandelt es im Grunde genommen auch ein moralisches Problem. In keiner anderen Tragödie Shakespeares wird der Gegensatz zwischen dem Guten und dem Bösen so deutlich dargestellt: Ein angesehener Mann gerät in einen Konflikt zwischen seinem Gewissen und den Versuchungen der Hexen und seiner Frau. Macbeths Gewissen kann nicht standhalten. Im Gegensatz zum Ausgang eines *Morality Play* thematisiert *Macbeth* den Zustand der Hölle auf Erden; und die psychologischen Feinheiten gehen viel weiter als die schlichten Moralvorstellungen der *Morality Plays*.

komplex: complex

6. Interpretationsansätze

Macbeth, die Hexen und sein Schicksal: Muss er morden?

Im Mittelalter widmete man ganze Bücher der Frage der Hexerei. Am bekanntesten ist der sogenannte *Hexenhammer* aus dem 15. Jahrhundert. Es ging in solchen Abhandlungen nicht um die Frage, ob es überhaupt Hexen gebe, denn da Hexen in der Heiligen Schrift erwähnt werden, wäre es ketzerisch gewesen, ihre Existenz in Frage zu stellen. Es ging vielmehr um die Fragen: Was ist eine Hexe? Woran erkennt man eine Hexe? Wie soll man gegen Hexen vorgehen? Die meisten Veröffentlichungen dienten allerdings der Legitimation der europäischen Hexenverfolgung, bei der bis in die frühe Neuzeit Zehntausende Frauen hingerichtet wurden.

Wachsende Skepsis

Unter Gelehrten wuchs schon Ende des 15. Jahrhunderts die Skepsis gegenüber dem Hexenwesen, und im Laufe des 16. Jahrhunderts verstärkte sich diese Tendenz (obwohl sich die Hexenjagd gleichzeitig noch lange fortsetzte). Shakespeares Theaterpublikum war mit Sicherheit zum Teil gerade dabei, sich vom Glauben an die Hexerei zu entfernen; trotzdem –

etw. einer Sache widmen: to devote s.th. to s.th. | **Abhandlung:** treatise | **Heilige Schrift:** Holy Scripture | **ketzerisch:** heretical | **Legitimation:** legitimisation | **Skepsis:** scepticism | **sich von etw. entfernen:** to distance oneself from s.th.

oder gerade deswegen – fand man an der Hexerei auf der Bühne großen Gefallen. Hexen auf der Bühne auftreten zu lassen, entsprach durchaus dem Geschmack der Zeit.

Wo informierte sich Shakespeare über die Hexerei? Wahrscheinlich las er darüber in Reginald Scots *Discoverie of Witchcraft* (1584), einem Werk, in dem die Hexerei aus aufklärerischer Sicht bestritten wird. Auch andere Dramatiker informierten sich bei Scot, um glaubhafte Feen und Hexen auf die Bühne zu bringen. Es ist bemerkenswert, dass es Shakespeare, der ganz im Geiste der Zeit an Hexen und Hexerei nicht glaubte, gelungen ist, in *Macbeth* so überzeugende und unheimliche Gestalten auf der Bühne auftreten zu lassen und dass diese Gestalten noch jahrhundertelang das, was wir unter eine Hexe verstehen, maßgeblich prägten.

Um die Rolle der Hexen in *Macbeth* zu verstehen, reichen diese historischen Zusammenhänge allerdings nicht aus, denn die *Weïrd Sisters* sind bedeutend für die Struktur des Werkes und fungieren zudem als poetische Symbole für die zentralen Anliegen des Stückes.

Bei den drei alten Frauen handelt es sich laut Bühnenanweisungen um *witches*, also Hexen, aber nur

bestritten werden: to be disputed | **glaubhaft:** believable | **etw. maßgeblich prägen:** to have a strong influence on s.th. | **als etw. fungieren:** to function as s.th. | **poetisches Symbol:** poetic symbol | **Anliegen:** concern | **Bühnenanweisungen:** stage directions

einmal werden sie im Dialog so bezeichnet (I,3, V. 6). Häufiger werden sie die *Weïrd Sisters* genannt. Das Wort *weïrd* stammt vom altenglischen *wyrd* ›Schicksal‹ ab (mit der modernen Bedeutung von *weird,* ›seltsam‹, hat das nicht unmittelbar zu tun). Die drei Hexen hat man sich also nicht nur als Hexen mit üblichem Zubehör (Kessel, Zaubersprüche, Katzen, Kröten), sondern auch als Schicksalsgöttinnen vorzustellen. Es handelt sich dabei um eine Verschmelzung von Volksglauben und antiken Vorstellungen. Im Volksglauben waren Hexen für kleine (auch alltägliche) Unglücke ebenso wie für bedeutendere Ereignisse wie schlechtes Wetter oder das Misslingen einer Ernte verantwortlich. Die *Weïrd Sisters* sind aber mehr als nur böse Hexen, sie haben Einblick in das Weltgeschehen und wissen um Macbeths Schicksal.

Hexen *und* Schicksalsgöttinnen

Die Wirkung der Hexen auf der Bühne hängt sehr von der jeweiligen Inszenierung ab. Auch lange nach der Lockerung der Vorschrift, dass Frauen auf der Bühne nicht schauspielern durften, wurden die Hexen von Männern dargestellt (die Geschlechtszugehörigkeit der Hexen ist übrigens ohnehin zweifelhaft). In vielen Inszenierungen geraten sie zu komischen Figuren, doch der Umgang mit den Hexen will vom Regisseur gut überlegt sein: Je bedrohlicher sie

Die Hexen auf der Bühne

Dialog: dialogue | **übliches Zubehör:** usual accessories/equipment | **Schicksalsgöttinnen:** goddesses of fate, The Fates | **Verschmelzung:** amalgamation | **Inszenierung:** production | **Lockerung:** relaxation

wirken, desto deutlicher wird es, dass sie die Geschehnisse um Macbeth beeinflussen; sind die Hexen bloß komische Figuren, liegt der Schwerpunkt eher auf Lady Macbeths Intrigen.

Für die Struktur von *Macbeth* sind die Hexen insofern von Bedeutung, als sie das Drama eröffnen. Somit ist das Publikum sofort mit dieser fremden Realität konfrontiert. Es ist ausgeschlossen, dass es sich bei den unheimlichen Gestalten um Hirngespinste Macbeths oder einer anderen Figur aus dem Stück handelt. In Shakespeares *Hamlet* ist der junge Prinz bei der Unterredung mit dem Geist seines ermordeten Vaters alleine; in *Macbeth* ist auch Banquo bei der Begegnung mit den Hexen zugegen, hört alles mit, und deutet die Aussagen auf seine eigene Art und Weise. Darüber hinaus erwähnen die Hexen Macbeth, mit dem sie offenbar etwas Besonderes vorhaben, ausdrücklich bereits vor dem in der Eingangsszene angekündigten Treffen. Das bedeutet, dass Macbeth schon in der allerersten Szene – und damit vor seinem ersten Auftritt – ein Teil dieser Welt wird: Er ist eingerahmt von der Welt der Hexen.

Viele Kritiker haben in dieser ersten Szene Hinweise darauf entdecken wollen, dass sie gar nicht von Shakespeare stamme, sondern später hinzugefügt worden sei. In den Worten eines Kritikers »The scene

Geschehnis: event | **Intrige:** machination; scheme | **mit etw. konfrontiertsein:** to be confronted with s.th. | **Hirngespinst:** phantasm; chimera | **zugegen:** present | **die allererste:** the very first

[…] is a poor scene and pointless scene«.[4] In einer Produktion aus dem Jahr 1934 am Old Vic, einem Londoner Theater, hat man diese Szene mit der Begründung, es sei nicht gut, wenn man dem Publikum nahelege, dass die Hexen die Handlung bestimmen, komplett gestrichen. Andere wiederum erkennen in dieser gewagten und ungewöhnlichen Eröffnungsszene eine klare einführende Darstellung aller in *Macbeth* relevanten Themen. Insbesondere fallen Wendungen auf, die die Zuschauerinnen und Zuschauer auf das ständige Wechselspiel zwischen Gut und Böse vorbereiten, das ihnen bevorsteht. Das Wort »hurlyburly« (I,1, V. 3) vergegenwärtigt, obwohl es verniedlichend klingt, das unkontrollierbare Auf und Ab und spielt auf die physische Gewalt an, die das Stück prägt. Zwei Stellen spielen auf die Umkehrung der Werte an, die in *Macbeth* zu Tage tritt: »When the battle's lost and won« (1,1, V. 4) und »Fair is foul, and foul is fair« (I,1, V. 11). Was die Hexen hier praktizieren, ist *equivocation*, eine Redeweise, durch die die Wahrheit verwischt wird, in diesem Fall mit dem Ergebnis, dass scheinbar nichts mehr unter moralischen Gesichtspunkten bewertet werden kann: Was schlecht ist, ist zugleich gerecht, was gerecht ist, ist zugleich schlecht.

Vergleicht man den Beginn von *Macbeth* etwa mit *Hamlet*, einem Stück, in dem der Geist erst am Ende des ersten Aktes auftritt und mit seiner Aufforde-

gewagt: daring | **Wechselspiel:** back-and-forth; interplay | **verniedlichend:** trivialising

rung, den eigenen Tod zu rächen, die Handlung in Gang bringt, so ist die Wucht dieser ersten Szene umso auffälliger, die Botschaft, dass Figuren des Stückes die Orientierung verlieren werden, nicht mehr sicher sein können, was gut und was böse ist, umso klarer. Die Hexen schaffen eine Atmosphäre der Unsicherheit und Ungewissheit, in der die Grenzen zwischen gut und böse, real und imaginär, männlich und weiblich verwischen.

Bei der ersten Begegnung mit den Hexen wird klar, dass vor allem Macbeth unter diesem Orientierungsverlust leidet. Er wiederholt fast wortwörtlich die widersprüchliche Aussage der Hexen: »So foul and fair a day I have not seen.« (I,3, V. 38) Gewiss, Macbeth kehrt als Held von der Schlacht zurück, insofern ist der Tag für ihn auf jeden Fall ein schöner, und »foul« mag sich auf das schlechte Wetter beziehen; aber hinter dieser Aussage steckt noch viel mehr, nämlich Macbeths Empfänglichkeit für die doppeldeutigen Äußerungen der Hexen. Er drückt sich schon jetzt, am Anfang des Dramas, in jenen doppeldeutigen Wendungen aus, denen er zum Opfer fällt und deren verheerende Wirkung er erst kurz vor seinem Tod erkennen wird.

In der ersten Szene hatte die dritte Hexe den Zweck ihrer verabredeten Zusammenkunft angegeben: »There to meet Macbeth.« (I,1, V. 7) Das Publikum weiß also, dass sich die Hexen explizit an Macbeth

Wucht: impact | **widersprüchlich:** contradictory | **Empfänglichkeit:** receptiveness

wenden werden. Banquo erfährt dies in dem Augenblick, in dem er die Hexen anspricht, denn die Hexen legen die rissigen Finger auf ihre Münder:

> You seem to understand me,
> By each at once her choppy finger laying
> Upon her skinny lips (I,3, V. 43–45)

Sie wollen nicht ihm antworten, sondern ausschließlich Macbeth. Erst auf Macbeths Aufforderung reagieren die Hexen.

Die Wirkung ihrer Weissagungen auf Macbeth ist bemerkenswert. Banquo und Macbeth erkennen sofort, dass es sich um übernatürliche Wesen handelt: Macbeth gerät in einen tranceartigen Zustand (zweimal in dieser Szene verwendet Banquo das Wort *rapt* ›verzückt‹, um Macbeths Verfassung zu beschreiben, siehe I,3, V. 57, 143). Dieser Stimmungswechsel ist umso auffälliger, weil wir in der zweiten Szene des ersten Aktes von seinen Heldentaten erfahren haben, die mit der plötzlichen Veränderung seines geistigen Zustandes unvereinbar erscheinen: Wird er erst als wagemutiger, eifriger Krieger beschrieben, ist er nun völlig mit seinen Gedanken beschäftigt und daher unfähig, aufmerksam am Gespräch teilzunehmen. Die Hexen haben in ihren doppeldeutigen Aussagen Macbeths innerste Wünsche angesprochen; sie haben kei-

Macbeth in Trance

übernatürlich: supernatural | **tranceartiger Zustand:** trance like state

ne magischen Kräfte gezeigt, die Macbeth beeinflussen könnten, sondern nur Suggestives von sich gegeben.

Es liegt nahe, dass Macbeth schon vor Beginn der Handlung auf der Bühne an die Beseitigung derjenigen Menschen gedacht hat, die zwischen ihm und der schottischen Krone stehen. Wie wäre sonst die Reaktion zu erklären, die Banquo beschreibt: »Good Sir, why do you start, and seem to fear / Things that do sound so fair« (I,3, V. 51 f.)? Macbeth ist gierig danach, nicht nur etwas über die Zukunft zu erfahren, sondern sie auch nach dem eigenen Willen zu formen. Banquo hingegen akzeptiert die Aussagen der Hexen zunächst einfach als gute Nachrichten.

Trügerische Wahrheit

Bei der späteren Begegnung (IV,1) zweifelt Macbeth nicht daran, dass die Hexen die Wahrheit sagen, denn mit ihrer Prophezeiung, er werde Thane of Cawdor, haben sie sich als zuverlässig erwiesen. Während Banquo zunächst mit Skepsis auf die Prophezeiungen reagiert, ist Macbeth nicht in der Lage, die nötige Skepsis gegenüber dem übernatürlichen Ereignis zu gewinnen. Banquo spricht die Gefahren aus, die er in den Hexen erkennt:

But 'tis strange:
And oftentimes, to win us to our harm,
The instruments of Darkness tell us truths;

magische Kräfte: magical powers | **nach etw. gierig sein:** to crave (for) s.th. | **an etw. zweifeln:** to doubt s.th.

> Win us with honest trifles, to betray's
> In deepest consequence. (I,3, V. 122–126)

Die Hexen haben mit einer Kleinigkeit Macbeths Vertrauen gewonnen, aber mehr noch: Sie haben ihn an sich gebunden. Er ist ihnen völlig verfallen und nimmt ihre Aussagen am Anfang des vierten Aktes fatalerweise für bare Münze. Banquo hingegen ahnt schon im ersten Akt, dass die dunklen Mächte in erster Linie zu üblen Taten verlocken wollen.

Wenn die Hexen als böse Mächte aufzufassen sind, die Menschen bzw. Männer vom Pfad der Tugend abbringen wollen, dann gelingt ihnen dies nur, wenn der Adressat für ihre Einflüsterungen empfänglich ist. Lady Macbeths Einstellung zu den Hexen ist etwas anders zu werten als Macbeths Empfänglichkeit; sie nennt die Hexen Macbeths »metaphysical aid« (I,5, V. 29). Von ihrer pragmatischen Warte gesehen helfen sie Macbeth bei der Entscheidungsfindung. Sie sind ihrem etwas zögerlichen und schwachen Mann ein Hilfsmittel.

Bei der späteren Begegnung mit den Hexen in der ersten Szene des vierten Aktes ist es Macbeth, der die Hexen aufsucht. Als er sich nähert, spüren die Hexen, dass etwas Böses im Anmarsch ist – eine Umkehrung der üblichen Verhältnisse. Der Zweizeiler der zweiten Hexe ist sprichwörtlich geworden:

etw. für bare Münze nehmen: to take s.th. at face value | **Adressat:** addressee

By the pricking of my thumbs,
Something wicked this way comes. (IV,1, V. 44 f.)

Macbeth ist von seinem unbedingten Willen, mehr zu erfahren, angetrieben. Er fordert die Hexen direkt auf, alles zu tun, was nötig ist, um seinen Wissensdurst zu stillen. Die Hexen kommen seinem Wunsch nach und fügen dem Gebräu noch entscheidende Zutaten hinzu, damit die Erscheinungen (die sie als ihre »masters«, IV,1, V. 63, also Dämonen, bezeichnen) kommen mögen.

Drei rätselhafte Erscheinungen

Die Erscheinungen sind Rätsel, die gedeutet werden müssen, aber Macbeth ist nicht in der Lage, die Bilder richtig zu interpretieren. Die erste Erscheinung ist ein »armed head« (IV,1, Regieanweisung vor V. 69), also ein Kopf im gepanzerten Helm. Das gepanzerte Haupt kann als Vorbote des gewaltsames Todes Macbeths gelten – es ist sein eigener Kopf – doch er erkennt es nicht als Warnzeichen. In der Aussage des körperlosen Kopfs »beware Macduff« (IV,1, V. 71) findet der verblendete Macbeth lediglich eine Bestätigung seines Verdachts, dass Macduff sein Feind ist. Ironisch sind an dieser Stelle zwei Textstellen: Erstens die Aussage der ersten Hexe »He knows thy thought« (IV,1, V. 69); und zweitens Macbeths »Whate'er thou art« (IV,1, V. 73). Was die Hexen hier Macbeth zeigen, kann als sein eigener Kopf, sein eigenes zukünftiges Schicksal gedeutet werden.

verblendet: blinded

Auch die zweite Erscheinung missdeutet Macbeth. Bei dem blutigen Kind handelt es sich, so lässt sich rückblickend erkennen, um den frisch aus dem Mutterleib geschnittenen Macduff. Hätte Macbeth dies erkannt, wüsste er, dass Macduff eben nicht zur Kategorie »of woman born« (IV,1, V. 80) gehört und somit eine Gefahr darstellt. Dies erfährt er erst bei der Begegnung mit Macduff: »Macduff was from his mother's womb / Untimely ripp'd.« (V,8, V. 15 f.)

Die dritte Erscheinung des gekrönten Kindes kann als Malcolm gedeutet werden. Die Signifikanz des Baumes, den das Kind in der Hand hält, entgeht Macbeth. Es ist eine Anspielung darauf, dass Malcolm seinen Soldaten den Befehl geben wird, die Zweige von Birnam zur Tarnung abzuhauen. So wird Birnam Wood in wortwörtlichen Sinne nach Dunsinane kommen. Die Krone verweist darauf, dass Malcolm am Ende des Dramas rechtmäßiger König von Schottland wird.

Muss Macbeth morden?

Wenn man bedenkt, dass die *Weïrd Sisters* in das Walten des Schicksals Macbeths eingreifen, so stellt sich die Frage, ob Macbeth überhaupt noch einen freien Willen hat. Auf solche grundsätzlichen Fragen – Ist das Morden Macbeths Schicksal? Oder mordet er aus eigenem Willen? – gibt es wohl keine allein richtige oder falsche Antwort. Macbeth gibt ja selbst zu, dass er einfach abwarten könnte, bis die Prophezeiung in

etw. missdeuten: to misinterpret s.th. | **jdm. entgehen:** to escape s.o.'s notice

Erfüllung geht: »If Chance will have me King, why, Chance may crown me, / Without my stir« (I,3, V. 144 f.). Handeln (»stir«) ist unter Umständen nicht nötig. Banquo – auch er ein erfolgreicher Soldat und Krieger – fällt im Vergleich zu Macbeth dadurch auf, dass er eben *nicht* handelt. Das führt zwar zu seinem Tod; aber seine Nachkommen werden Könige.

Macbeth bleiben zwei Möglichkeiten: Er kann versuchen, sich innerhalb der hierarchischen Hofgesellschaft um Duncan zu profilieren, in der Hoffnung, doch noch zum Thronfolger ernannt zu werden; oder aber er kann sich für das Böse entscheiden, für eine unerhörte Bluttat – und damit letzlich für Einsamkeit und Verzweiflung. Es stimmt natürlich, dass sowohl die Hexen als auch Lady Macbeth, die ihn zur Bluttat ermutigt, Macbeth erheblich beeinflussen, aber diese Versuchungen und der Druck, der auf ihn ausgeübt wird, nehmen ihm nicht seine Entscheidungsgewalt. Klar ist nur, dass die tragischen Ereignisse nicht allein durch die Hexen hervorgerufen wurden, sie geben lediglich Handlungsanreize und rahmen zudem den allmählichen Untergang Macbeths stimmungsvoll durch die Düsterkeit ihrer Auftritte.

sich profilieren: to distinguish oneself; to make one's mark | **jdn. zu etw. ermutigen:** to encourage s.o. to do s.th.

Macbeth: Monster oder Mensch?

Am Anfang der Handlung ist Macbeth ein angesehener und erfolgreicher Mann. Er gehört als »Thane of Glamis« dem schottischen Adel an und genießt das bedingungslose Vertrauen des Regenten, Duncan. Er ist verheiratet. Zum Schluss des Stücks kurz vor seinem gewaltsamen Tod ist er völlig vereinsamt. Seine Frau ist tot; er ist politisch isoliert; er hat keine Freunde:

> I have liv'd long enough: my way of life
> Is fall'n into the sere, the yellow leaf;
> And that which should accompany old age,
> As honour, love, obedience, troops of friends,
> I must not look to have (V,3, V. 22–26)

Das, was er um seiner Machtgier willen getan hat und was die letzten Tage seines Lebens zu öden und freudlosen Tagen werden lassen hat, ist von unfassbarer Grausamkeit – und trotzdem: Shakespeare gelingt es immer wieder, uns die menschliche, das eigene Handeln reflektierende Seite seiner Figuren vor Augen zu führen. Macbeth ist hier keine Ausnahme.

Die Tatsache, dass es Shakespeare gelingt, den Zuschauerinnen und Zuschauern Macbeth von seiner menschlichen Seite zu zeigen, hat mit der Gattung der Tragödie zu tun, die Shakespeare weiterentwi-

isoliert: isolated

ckelt hat. Obwohl einige Humanisten zu Zeiten Shakespeares mit den Ideen aus der *Poetik* (*Von der Dichtkunst*) von Aristoteles (384–322 v. Chr.) vertraut waren, in der festgesetzt wird, die Funktion einer Tragödie bestehe darin, im Publikum Mitleid und Schrecken zu erzeugen, um die Seele der Zuschauer von Leidenschaften zu läutern (griech. *katharsis*) –, hat das elisabethanische bzw. jakobäische Publikum ein viel undifferenziertes Verständnis von Tragödie. In den Theatern wurde eine Palette verschiedener Tragödienarten geboten: die Rachetragödie, in der der Held aufgefordert ist, Rache zu nehmen und daran zugrunde geht (zum Beispiel *Hamlet*); die Ehetragödie, in der eine Ehe an (vermeintlicher) Untreue zugrunde geht (*Othello* lässt sich als eine solche auffassen); und schließlich die (nach einem Stück des italienischen Dichters Boccaccio benannte) ›de-casibus-Tragödie‹. Bei der de-casibus-Tragödie geht es um den Aufstieg und Absturz des Helden. Im Hintergrund steht hier die alte Vorstellung des Rads der Fortuna, einer unsichtbaren, unergründlichen Macht, die uns emportragen kann, nur um uns ebenso schnell wieder nach unten ins Elend zu befördern. Die Strafe dafür, dass sich der Protagonist irdischen Zielen widmet (Macht, Ruhm, Reichtum), ist der Sturz in Elend und Tod. *Macbeth* entspricht in vielerlei Hinsicht die-

Die Gattung Tragödie zu Shakespeares Zeit

etw. läutern: to purify s.th. | **undifferenziert:** hier: simple | **Aufstieg und Absturz:** rise and fall | **unergründlich:** unfathomable | **jdn. emportragen:** to carry s.o. upwards | **sich etw. widmen:** to devote oneself to s.th.

ser Gattung, ist aber zugleich viel komplexer als die meisten Tragödien, die zur Unterhaltung aufgeführt wurden. Ohne Zweifel ist Macbeth übermäßig ehrgeizig (ja, sein Ehrgeiz ist so stark ausgeprägt, dass man eher von Machtgier sprechen muss); das ist aus christlicher Sicht eine Sünde und dafür wird er bestraft, ebenso wie seine Frau. Damit hat Shakespeares Publikum gerechnet. Aber das Publikum wird nach einer Aufführung von *Macbeth* ein viel differenzierteres Bild von Schuld und Bestrafung mit nach Hause nehmen, denn in Macbeth geht es unter anderem um die Frage, ob er ein Monster oder ein tragischer Held ist – oder vielleicht als beides zugleich betrachtet werden kann: als grausam und als wesensmäßig gewissenhaft, aber zur Gier verleitet.[5]

Macbeth, der Schwächling?

Macbeths Zögern

Zunächst ist es auffällig, dass Macbeth zögert. Der Mord an Duncan ist zwar der Beginn einer Karriere des Bösen, doch diese Laufbahn beginnt sehr zögerlich. Er entscheidet sich zunächst gegen den Mord, da er intuitiv weiß, dass er falsch wäre. Aber wägt Macbeth die »ethischen Probleme«[6] des Mords wirklich ab? Oder ist es nicht vielmehr so, dass er vor allem zu ängstlich und schwach ist, um mit den möglichen Konsequenzen seiner Taten zurechtzukommen? Eine

zögerlich: hesitantly (*adv.*) | **intuitiv:** intuitively (*adv.*) | **mit etw. zurechtzukommen:** to come to terms with s.th.

Antwort auf diese Frage liefert Lady Macbeth, die ihren Mann nur zu gut kennt:

> Yet I do fear thy nature:
> It is too full o'th'milk of human kindness,
> To catch the nearest way (I,5, V. 16–18)

Die Formulierung »the nearest way« bezeichnet hier den direktesten Weg, König zu werden: die gewaltsame Beseitigung Duncans. Lady Macbeth weiß intuitiv, dass Macbeth diesen direkten Weg nur ungern nehmen wird. Sie sieht es darum als ihre Aufgabe an, Macbeth in die richtige Richtung zu lenken.

Macbeth und seine Hände

Macbeths Zögern wird durch das Motiv der Hand verdeutlicht. Eine auffällige Spannung zwischen der Hand und anderen Körperteilen und Sinneswahrnehmungen kommt im Dramentext immer wieder vor. Diese Spannung wird zunächst in rätselhaften Wendungen, wie sie übrigens typisch für Macbeths Gedankengänge sind, formuliert:

> The eye wink at the hand; yet let that be,
> Which the eye fears, when it is done, to see.
> (I,4, V. 52 f.)

Beseitigung: removal

Wunsch nach gedankenlosem Handeln

Mit anderen Worten: Das Auge soll nicht sehen, was die Hand tut, dennoch soll das, was so entsetzlich anzusehen wäre, ausgeführt werden. Wenn man so will, ist Macbeths Zögern ein sehr bedingtes Zögern (anders als etwa Hamlets Grübeleien). Hier dient die Diskrepanz zwischen Auge und Hand nicht dazu, dass sich Macbeth Gedanken zu den ethischen Implikationen seiner geplanten Tat macht, sondern diese Trennung zwischen Denken und Handeln scheint geradezu die Voraussetzung für das Ausführen des Königsmords zu sein.

Unmittelbar nach dem Königsmord erlebt Macbeth seine Hände nicht als eigenen Körperteil, sondern als würden sie eine eigenständige Existenz führen: »What hands are here? Ha! they pluck out mine eyes.« (II,2, V. 58) Die eigenen Hände scheinen ihm fremd geworden: Macbeth halluziniert, wähnt, dass sie die eigenen Augen ausreißen wollen. Beim Bankett wird der Abstand zwischen Geist und Hand wieder thematisiert:

> Strange things I have in head, that will to hand,
> Which must be acted, ere they may be scann'd.
>
> (III,4, V. 138 f.)

Das, was Macbeth hier beschäftigt, ist der Mord an Macduff. »Scann'd« bedeutet ›gut überlegt, bedacht‹

Diskrepanz: discrepancy | **eine eigenständige Existenz führen:** to lead an independent existence | **halluzinieren:** to hallucinate

und bezieht sich auf zweierlei: erstens muss die Idee des Mordes verwirklicht werden, bevor Macbeth selbst sie begreifen kann und davor zurückschrecken könnte, und zweites, bevor andere sie entdecken bzw. erahnen könnten. Es wirkt hier so, als möchte Macbeth sich selbst zur Tat drängen, bevor er es sich anders überlegt, bevor er Zeit hat, über die moralischen Implikationen seines Handelns nachzudenken. Eine Bestätigung, dass der Mord an Macduff nötig ist, bekommt Macbeth ja bei den Hexen, und nach diesem Erlebnis wird ein neues Verhältnis zwischen dem Geist und der Hand sehr deutlich:

> From this moment,
> The very firstlings of my heart shall be
> The firstlings of my hand. (IV,1, V. 146–148)

Dieser Beschluss, den Macbeth nach der zweiten Unterredung mit den Hexen fasst, bringt Macduffs Familie den Tod. Spätestens an dieser Stelle ist der ängstliche, entscheidungsschwache Macbeth verschwunden zugunsten eines Menschen, dem es nicht mehr vor Bluttaten graut. Alle seine Ideen will er sofort in die Tat umsetzen. Ohne den Umweg des Verstands sollen Herz und Hand zusammenarbeiten, um Macbeths Willen durchzusetzen.

■ Angst weicht Impulsivität

So spiegelt das Motiv der Hand unter anderem eine klare Entwicklung wider: Macbeth, der zunächst zögert, wird zum impulsiven Mörder.

Der Dolch

Macbeths berühmter Monolog über das Erscheinen eines Dolchs kurz vor dem Königsmord führt das Motiv der Hand mit dem Motiv des Imaginären zusammen und gewährt weitere Einblicke in die Frage, ob er mehr ist als ein Monster:

> Is this a dagger, which I see before me
> The handle toward my hand? (II,1, V. 33 f.)

Macbeth halluziniert. Der Dolch, den er sieht, hat mit der Wirklichkeit nichts mehr zu tun. Er schwebt wie eine Einladung vor ihm. Der Griff zeigt zu Macbeth. Dieser stellt zunächst die Existenz des Dolches in Frage und weiß nicht, ob er sich auf seine Sinneswahrnehmung verlassen kann:

> art thou but
> A dagger of the mind, a false creation,
> Proceeding from the heat-oppressed brain?
> (II,1, V. 37–39)

Doch er leistet keinen Widerstand gegen das Grauen, folgt dem imaginären Dolch, den echten Dolch in der Hand, den er in Vers 41 zieht, und vergleicht sich mit dem römischen Prinzen Tarquinius, der der Sage nach die tugendhafte Lucretia vergewaltigt hat. So be-

Sinneswahrnehmung: sensory perception | **jdn. vergewaltigen:** to rape s.o.

kommt die bevorstehende Tat den Hauch eines von sexueller Lust geprägten Vergehens (häufig wird darüber diskutiert, ob der Schauspieler diesen Monolog eher verängstigt oder eher erwartungsvoll vortragen soll). Es scheint, als sei das Grauen von nun an Teil seiner Existenz. Aber unmittelbar nach der Tat ist er nicht nur voller Reue, sondern kaum ansprechbar und am Rande eines Zusammenbruchs. Auch dies spricht, wie schon sein Zögern vor dem Mord, nicht für das unreflektierte Wüten eines Monsters.

Reue und psychisches Leid

Obwohl er anfangs zögert, weist Macbeth in der obsessiven Verfolgung seiner Ziele eine gewisse Größe auf. Angesichts von unaussprechlichen Ängsten hält er an seinem Ziel mit einer erstaunlichen, wenn nicht bewundernswerten so doch beeindruckenden Entschlossenheit fest, aber auch dieser Weg führt direkt ins Verderben und schließlich zur Selbstzerstörung. Der Mord an Duncan war ein bewusstes Überschreiten aller Regeln der Gemeinschaft, über die er anschließend als König herrscht. Als König lässt er weiter morden und bringt dadurch noch größeres Unheil über sich und über sein Land. Dabei ist er von inneren Ängsten geplagt. Wenn wir mit Macbeth Mitleid haben, dann vor allem deswegen, weil er sich den Ängsten zu stellen versucht, die ihn plagen. Seine Versuche, die eigene Angst durch weitere Gewalttaten zu lindern, führen letztlich zu seinem Untergang.

Reue: remorse | **Zusammenbruch:** break-down | **Verfolgung:** pursuit | **unaussprechlich:** inexpressible

Auffällig ist die Tatsache, dass Macbeth keine lange Rede vergönnt ist, bevor er stirbt. In den wenigen Sätzen, die er vor dem tödlichen Kampf mit Macduff spricht, zeigt er keine Reue, teilt jedoch eine Erkenntnis mit. Sie gilt den Hexen:

And be these juggling friends no more believ'd,
That palter with us in a double sense;
That keep the word of promise to our ear,
And break it to our hope. (V,8, V. 19–22)

Diese Einsicht ist vielleicht etwas zu wenig, als dass das Publikum mit Macbeth Mitleid empfinden würde, denn was er hier zum Ausdruck bringt, ist kaum mehr als eine Warnung, diesen übernatürlichen Gestalten keinen Glauben zu schenken. Was fehlt, ist die Erkenntnis, dass nicht allein die eigenen Hoffnungen enttäuscht, sondern anderen zudem entsetzliche Gewalt zugefügt wurde und er selbst dafür verantwortlich ist, auch wenn andere ihn dazu anstachelten. Dass nicht übernatürlichen Kräften, sondern menschlichen Figuren in Tragödien letztlich die Entscheidungsgewalt zukommt, ist übrigens Shakespeares Verdienst. Durch die Monologe Macbeths erfahren wir, wie er das Geschehen sieht, wonach er greifen möchte und warum ihm das so schwerfällt. Und in vielerlei Hinsicht muss man als Zuschauerin oder als Leser zugeben, dass man es doch schafft, sich mit Macbeth zu identifizieren. Das bedeutet natürlich nicht, dass man ein schlechter Mensch ist und Mordfantasien hegt, sondern schlicht und einfach, dass man Situationen der Bedrängnis, des Hin-und-Her-Gerissenseins vermutlich gut kennt und Macbeths Zögern, seine Skrupel nachvollziehen kann.

Was ist, und was sein wird: Die Zeit in *Macbeth*

Das erste Wort von *Macbeth* lautet »When«, und fast sechzig Mal kommt das Wort *time* darin vor. Das ist im Vergleich zu anderen Dramen Shakespeares sehr viel (zum Vergleich: Im doppelt so langen Stück *Hamlet* kommt das Wort 66-mal vor, die Frequenz in *Macbeth* ist also etwa doppelt so hoch). Interessant ist, dass *time* zu Zeiten Shakespeares viele unterschiedliche, heute nicht mehr gebräuchliche Bedeutungen haben kann. Ein Glossar zu Shakespeares Wortschatz listet fünfzehn Bedeutungen auf: *Time* kann sich auf die Jahreszeiten; auf das Lebensalter; die Zukunft; den richtigen Augenblick; oder auf die ganze Welt beziehen, um nur einige Möglichkeiten zu nennen.[7]

Die vielen rätselhaften und scheinbar widersprüchlichen Aussagen über die Zeit fallen auf. Hier drei Beispiele:

»Present fears / Are less than horrible imaginings« (I,3, V. 137 f.)
»To beguile the time, / Look like the time« (I,5, V. 63)
»nothing is, but what is not« (I,3, V. 142)

Solche scheinbar rätselhaften Aussagen lassen sich im Hinblick auf die Wünsche und Träume der Macbeths erklären. Im ersten Beispiel geht es darum, dass die tatsächliche unmittelbare Angst und das Unbehagen, die Macbeth in Gegenwart der Hexen empfindet, ihn weniger beunruhigen als die schrecklichen Gedanken an den Königsmord, die ihm plötzlich gekommen sind. Hier verblasst die Gegenwart im Vergleich zu Macbeths imaginierter Zukunft, die offenbar schon jetzt von Bluttaten geprägt ist. Im zweiten Beispiel bezeichnet *time* die ganze Welt, das ganze Zeitalter. Mit anderen Worten: Um mit seinem Plan voranzukommen, muss Macbeth die Welt betrügen, und das tut er am besten, indem er sich so verhält, wie es die Welt erwartet (diese Bedeutung trägt *time* übrigens auch, als Macduff nach dem Tod Macbeths »the time is free« (V,9, V. 21), etwa: ›das Volk ist frei‹, proklamiert). Im dritten Beispiel schließlich hat die Gegenwart – das, was ist – angesichts der Weissagungen plötzlich einen anderen Charakter bekommen. Sie ist nunmehr eine Gegenwart, die nur angesichts dessen, was sein könnte, einen Sinn bekommt. Nur das, was noch nicht ist, zählt. Das was jetzt ist, ist völlig bedeutungslos geworden – und das, obwohl Macbeth gerade nach einer erfolgreichen Schlacht Thane of Cawdor geworden ist. Auch dieser Aufstieg ist eine Nichtigkeit angesichts dessen, was sein könnte. Hier bringt Macbeth

■ Bedeutungslosigkeit der Gegenwart …

■ … angesichts der möglichen Zukunft

verblassen: to pale | **Gegenwart:** present | **bedeutungslos:** meaningless | **Nichtigkeit:** triviality

mit wenigen Worten Ahnungen von einer möglichen Zukunft zum Ausdruck, Ahnungen von noch nicht vollzogenen Handlungen und deren imaginären Folgen, die zum Greifen nahe sind.

In *Macbeth* wird also die Zeit den Plänen und Hoffnungen, kurz: der Machtgier der beiden Hauptfiguren unterworfen. Lady Macbeths Ausruf

> Thy letters have transported me beyond
> This ignorant present, and I feel now
> The future in the instant. (I,5, V. 56–58)

ist ein weiteres Beispiel dafür, wie Vorstellungen von Zeit, Gegenwart und Zukunft einen unbändigen Ehrgeiz zum Ausdruck bringen, und auch hier geschieht das auf zunächst unlogische Art und Weise: Es verschmelzen Zukunft und Gegenwart. Die Jetztzeit weiß noch nichts vom bevorstehenden Ruhm, und für Lady Macbeth, die nach Aufstieg gierig ist, gibt es nichts Schlimmeres als diese träge und ereignislose Gegenwart. Ihr ahnungs- und sehnsuchtsvoller Zustand ähnelt Macbeths Reaktion auf die Hexen.

Wunsch nach zeitlichem Stillstand

Auch Macbeths Formulierung »the be-all and the end-all« (I,7, V. 5) bringt ein eigentümliches Zeitkonzept zum Ausdruck: Macbeth wünscht, dass mit dem Mord an Duncan die Zeit stehen bleiben wird, dass die damit verbundene Errungenschaft Bestand haben

zum Greifen nahe: within reach | **verschmelzen:** to melt together

wird und die Tat mit keinen weiteren Konsequenzen für ihn verbunden sein wird. Wenn der Wunsch, die Zeit zu überwinden, sie anhalten zu können und so in einer Gegenwart zu existieren, in der die Erträge moralisch dubioser Taten wie auch die eigene Straffreiheit gesichert werden können, so stark ist, ist es nur logisch, dass die personifizierte Zeit mitunter auch Macbeths Gegner sein muss: Auf die Nachricht, dass Macduff entkommen ist, sagt Macbeth »Time, thou anticipat'st my dread exploits« (IV,1, V. 144).

Diese Zeitmetaphern werden fast ausnahmslos vom Ehepaar Macbeth eingesetzt. Sie bringen damit eine Hoffnung zum Ausdruck, die, wie das Publikum weiß, unerreichbar ist und sie ins Verderben stürzen wird. Denn die Wirklichkeit sieht anders aus: Während sich in den Reden der Macbeths die Hoffnung ausdrückt, die Zukunft möge zum Jetzt werden und die Zeit mit Erlangen der Königskrone stehenbleiben, sind ihre Handlungen an den Fortlauf der Zeit gebunden und ziehen also weitere Ereignisse und Reaktionen anderer Figuren nach sich – auf die Bluttaten folgen so notgedrungen weitere Bluttaten. Macbeth ist – so meint er – gezwungen zu handeln, er ist gezwungen zu morden, die Menschen zu beseitigen, von denen er wähnt, sie stünden ihm im Weg. Dieser Zwang hat nichts mit seiner politischen Lage zu tun, die objektiv gesehen zunächst wohl relativ stabil ist, sondern er ist

personifiziert: personified | **ausnahmslos:** without exception

psychologisch bedingt: Einmal den gewaltsamen Weg zur Krone begonnen, fürchtet er durchgehend um seine Machtposition. Zwar wird ihm zunehmend bewusst, welch hohen Preis er für den Königsposten bezahlen muss, doch die Einsicht kommt zu spät.

Der Wandlung, die Macbeths Rede von der Zeit daraufhin in seinem an den Tod seiner Frau anschließenden Monolog erfährt, entspricht seine innere Wandlung: Die Zeit ist eine Folge von bedeutungslosen Augenblicken geworden: »To-morrow, and to-morrow, and to-morrow, / Creeps in this petty pace from day to day« (V,5, V. 19 f., siehe hierzu auch die kurze Analyse des Monologs in Kapitel 4: »Form und literarische Technik«, S. 65 f.).

Ein weiterer Aspekt der Zeit sei hier genannt. In *Macbeth* geht es unter anderem um einen politischen Wandel. Wir erleben in kürzester Zeit drei Könige: Duncan, Macbeth und ganz zum Schluss Malcolm, der in seiner kurzen Rede dreimal das Wort *time* verwendet. Bewusst spricht er von einer neuen Ära: »What's more to do, / Which would be planted newly with the time, –« (V,9, V. 30 f.). Die Zeit wird in *Macbeth* also auch durch eine Folge von Regenten strukturiert; ihr Verstreichen wird dadurch spürbar, dass sich die Führungsstile der Könige voneinander unterscheiden und die gesellschaftliche Situation sich so verändert. Mit einem neuen Regenten beginnt eine neue Ära, eine neue Zeit.

Zwar ist Macbeths Gewaltherrschaft mit Anbruch der Regentschaft Malcolms beendet, aber genau genommen ist nicht sicher, ob die Figuren, die für die Beseitigung Macbeths verantwortlich sind, weniger intrigant sind als er selbst. Als neuer König belohnt Malcolm seine Gefolgsleute mit neuen Ämtern und Ehren. Wir stehen am Ende der Tragödie gewissermaßen wieder am Anfang: Es herrscht eine nur scheinbar stabile politische Ordnung und eine fragwürdige Stabilität. Am Ende ist die Ordnung nicht wiederhergestellt, auch wenn Malcolm dies seinem Gefolge vermutlich suggerieren will, wenn er von der nun angebrochenen, neu zu gestaltenden Ära spricht.

Lady Macbeth und die Frage der Schuld

Lady Macbeths verzweifelter Ausruf, die imaginären Blutflecken mögen von ihren Händen verschwinden, ist eines der berühmtesten Shakespeare-Zitate überhaupt: »Out, damned spot!« (V,1, nach [30]) Es gibt eine Reihe von Porträts berühmter Schauspielerinnen, die gerade diesen Augenblick darstellen. Denkt man an Lady Macbeth, so denkt man an eine Figur, die an ihrer Schuld zugrunde geht; man denkt an die Unauslöschbarkeit einer traumatischen, belastenden Erinnerung; und man denkt an den Zusammenhang zwischen Schuld und äußerlicher Reinheit.

Die Frage der Schuld

Macbeth selbst schaut seine blutigen Hände unmittelbar nach dem Mord an:

Unauslöschbarkeit: indelibility

> Will all great Neptune's ocean wash this blood
> Clean from my hand? No, this my hand will rather
> The multitudinous seas incarnadine,
> Making the green one red. (II,2, V. 59–62)

Blutverschmierte Hände als Zeichen der Schuld

Hier sind die blutverschmierten Hände Zeichen der Schuld im doppelten Sinne: Das Blut verrät Macbeth zunächst schlicht und einfach als den Täter, der gerade einen Mord begangen hat; die Unreinheit der Hände steht zudem für die tiefe moralische Schuld. Selbst das Meer wäre nicht genug, um Macbeths Hände von Schuld frei zu waschen, im Gegenteil, seine Schuld wird, so meint er, alle Weltmeere rot färben. Lady Macbeth betrachtet Macbeths blutverschmierte Hände, seine »hangman's hands« (II,2, V. 27) (Henkern oblag damals neben der Aufgabe des Hinrichtens auch die, die Eingeweide der Hingerichteten zu entfernen), pragmatischer: Sie bittet Macbeth, sich die Hände zu waschen, damit er seiner Schuld nicht überführt werden kann. Während sich Macbeth im weiteren Verlauf des Stücks mit der Frage der persönlichen Schuld kaum beschäftigen wird und die Schlaflosigkeit, die er im zweiten Akt befürchtet (»Macbeth shall sleep no more!«, II,2, V. 42), nicht eintritt, wird bei Lady Macbeth das Händewaschen zur Obsession, und sie wird zur psychisch kranken Schlafwandlerin.

Lady Macbeth geht also an ihrer Schuld zugrunde. Am Anfang war sie noch optimistisch und hatte ge-

Unreinheit: impurity

hofft, ein wenig Wasser würde reichen, um sich zu reinigen, aber die Entfernung der Blutflecke ist etwas völlig anderes als die Wiederherstellung ihrer psychischen Gesundheit: Wider Erwarten haben sich bei Lady Macbeth doch Schuldgefühle eingestellt, an denen sie erkrankt; sie ist nicht so skrupellos, wie sie am Anfang selbst hoffte. Zum Schluss ist es Macbeth, der den Ernst der Lage Lady Macbeths unterschätzt. Kurz vor seinem Untergang befiehlt er dem Arzt, der von Lady Macbeths Schlaflosigkeit berichtet, schroff: »Cure her of that« (V,3, V. 39). Macbeth meint, man könne eine traumatische Erinnerung ›ausrupfen‹, das, was einen beunruhigt und plagt, ›ausradieren‹ oder gar Schuldgefühle durch Einnahme eines Medikaments in Vergessenheit geraten lassen.

Lady Macbeth macht eine Entwicklung durch, die sich deutlich von Macbeths unterscheidet. Zunächst scheint sie, im Gegensatz zu Macbeth, keinerlei Skrupel zu haben; nach der Bluttat beginnt sofort ihr innerer Kampf mit den psychischen Folgen und ihr Zustand verschlechtert sich stetig. Das beginnt damit, dass sie in Ohnmacht fällt (II,3 – es ist allerdings auch möglich, dass sie sich hier verstellt). Ihre Sorgen vor dem Abendessen und ihr Schlafwandeln setzen die Entwicklung fort, die in ihrem Selbstmord endet. Es handelt sich also um eine kontinuierliche, unaufhaltbare Entwicklung. Es ist kein Wunder, dass sich Psychologen und Psychiater für Lady Macbeths Geistes-

Lady Macbeths Untergang

etw. unterschätzen: to underestimate s.th.

zustand interessieren, hat Shakespeare hier doch eine Figur auf der Bühne gezeigt, die nach einer traumatischen Erfahrung unter einer zwanghaften Störung leidet.

Gender

Aggressivität als männliche Eigenschaft

Man hat darauf hingewiesen, dass die Politik in Macbeth sehr eng mit Geschlechterkonstruktionen zusammenhängt. Damit ist zum Beispiel gemeint, dass die Gewalttaten sehr stark mit dem Männlichen assoziiert sind: Macht und Aggressivität gehen mit Männlichkeit Hand in Hand. Das ist, könnte man sagen, nicht weiter verwunderlich, denn Männer sind im Schnitt nachweislich aggressiver als Frauen, und Gewalttaten und Kriege sind ja nichts anderes als Machtmittel, um den eigenen Willen bzw. den des Oberhauptes durchzusetzen.

Die Art von Weiblichkeit, die die Frauengestalten in *Macbeth* verkörpern, lässt sich wiederum insofern als bedrohlich bezeichnen, als diese Frauen die Herrschaft der Männer in Frage stellen. Das gilt insbesondere für die Hexen, die für feministische Kritikerinnen und Kritiker hochinteressante, weil subversive Figuren sind: Denn entgegen Stereotypen weiblicher Verhaltensweisen – etwa Gutmütigkeit, Fürsorglichkeit, Zurückhaltung – stürzen sie Macbeth willentlich ins Verderben.

zwanghafte Störung: compulsive disorder

Was Lady Macbeth betrifft, ist die Sachlage etwas komplexer. Die ihrer Ansicht nach typisch weiblichen Eigenschaften wie Mitgefühl und Fürsorge möchte sie ablegen (»unsex me here« I,5, V. 41), um ihre Ziele zu erreichen. Ihre Bereitschaft, ihren eigenen Säugling zu töten, bringt sie in einer der schockierendsten Passagen des ganzen Stücks zum Ausdruck:

Mütterliche Fürsorge vs. Zielstrebigkeit

I have given suck, and know
How tender 'tis to love the babe that milks me:
I would, while it was smiling in my face,
Have pluck'd my nipple from his boneless gums,
And dash'd the brains out, had I so sworn
As you have done to this. (I,7, V. 54–59)

Die Stelle hat Anlass zu vielen Interpretationen gegeben. Es ist naheliegend, dieses Bild als Beleg dafür zu werten, dass Lady Macbeth eine Frau ohne jeglichen mütterlichen Instinkt ist. Aber liest man die Stelle genauer, muss man es genau andersherum sehen (wie zum ersten Mal der englische Dichter Samuel Taylor Coleridge): Lady Macbeth kann zu einer so überzeugenden Behauptung vermutlich nur gelangen, weil sie die Gefühle mütterlicher Zärtlichkeit und Liebe gut kennt. Gewiss, das Bild einer Mutter, die das Stillen ihres eigenen Kindes gewaltsam unterbricht und es tötet, entspringt einer krankhaften Fantasie, aber es verdankt seine Wirkung gerade der Tatsache, dass Lady Macbeth die Stärke der Bindung zwischen Mutter

zu etw. Anlass geben: to give rise to s.th.

und Kind selbst erfahren hat und hier als unübertreffliches Bild zur Veranschaulichung der Willensstärke heranführt, die sie von ihrem etwas zögerlichen Mann erwartet (die Fragen, was aus dem Kind Lady Macbeths geworden ist, ob Macbeth der Vater gewesen ist, und ob die Macbeths überhaupt Kinder haben, hat übrigens viele Spekulationen hervorgerufen). Und genauso wie sie ihre eigene Weiblichkeit (oder die Verhaltensweisen, die sie mit ihr assoziiert) loswerden möchte, setzt sie auch psychologische Mittel ein, um ihren Mann ›mannhafter‹ zu machen:

MACBETH. I dare do all that may become a man;
Who dares do more, is none.
LADY MACBETH. What beast was't then
That made you break this enterprise to me?
When you durst do it, then you were a man;
And, to be more than what you were, you would
Be so much more the man. (I,7, V. 46–51)

Dies ist eine komplexe Stelle, die Anlass zu unterschiedlichen Interpretationen gegeben hat. Es geht zunächst um *man* als Mensch, in Abgrenzung zum Tier. Der Mensch ist in der Lage, über seine Handlungen zu reflektieren, und Macbeth fürchtet, unmenschlich, gewissenlos zu werden. In ihrer Antwort lässt Lady Macbeth zunächst den Gegensatz *man* (›Mensch‹) – *beast* anklingen, um dann in den folgenden Zeilen umso

etw. anklingen lassen: to hint at s.th.; to allude to s.th.

deutlicher Macbeths fehlende Männlichkeit zu kritisieren (*man* nutzt sie nun also im Sinne von ›Mann‹): Macbeth wäre erst dann ein Mann, wenn er die Tat ausführen würde. Anschließend deutet sie an, dass Macbeth nach der Tat mehr als bloß ein Mann wäre, sondern: ein König. So arbeitet Lady Macbeth mit subtilen Mitteln, um ihren Mann zur Tat anzuspornen.

Gewalt

Ganz gleich, aus welcher Perspektive man sich *Macbeth* nähert, ob man eher die Charaktere analysiert, ob man die Sprache in den Mittelpunkt rückt, ob man die historischen Hintergründe hervorhebt – um die Tatsache, dass diese Tragödie in sehr auffälliger Weise von Gewalttaten lebt, kommt man nicht herum. *Macbeth* ist voller Gewalt: Man hört von Pferden, die sich gegenseitig zerfleischen und fressen (II,4, V. 18); von einer Figur, die von unten bis oben aufgeschlitzt wird (I,2, V. 22); von Köpfen, die zur Abschreckung an der Burgmauer aufgesteckt werden; von einem Säugling, der zerschmettert wird; Enthauptungen kommen vor; ein Kindesmord (IV,2) und ein kaltblütiger Mord an einer unschuldigen Frau (IV,2) werden begangen; der Geist eines Ermordeten tritt ebenso auf wie ein gepanzerter Kopf, losgelöst vom Körper, und ein blutiges Kind; schließlich sei der Königsmord selbst genannt.

■ Körperliche Gewalt in *Macbeth*

Einige dieser Taten – sowohl solche, die von den Figuren imaginiert sind, als auch reale – finden auf der

Bühne statt, andere werden bloß in den Figurenreden erwähnt. Fest steht, dass *Macbeth* wie sonst fast kein anderes Drama von Shakespeare von Gewalt durchzogen wird (*Titus Andronicus* enthält mehr Bluttaten als *Macbeth*, aber es sei dahingestellt, ob es deswegen schockierender ist). *Macbeth* galt zeitweise als so schockierend, dass einige Szenen bei Aufführungen weggelassen worden sind, insbesondere die Ermordung von Macduffs Familie. Dabei ist diese Szene eine der wenigen im ganzen Stück, in denen wir erleben, wie es sein muss, Opfer von Macbeths Gewalt zu werden. Die Szene ist vorsichtig strukturiert und fällt innerhalb der Tragödie durch die Darstellung von intimen Momenten zwischen Mutter und Kind auf. Es wird hier auf andere Art und Weise Spannung erzeugt als sonst im Stück.

Banquo stirbt zwar auf der Bühne, aber da er – neben der schnellen Aufforderung an seinen Sohn, er solle fliehen und ihn rächen – nichts sagt außer »It will be rain to-night« (III,3, V. 16) und »O, treachery« (III,3, V. 17), ist die Wirkung auf das Publikum eine ganz andere als die, die hervorgerufen wird, als Macduffs Frau stirbt. Tragischerweise lässt sie ihren unschuldigen Sohn in dem Glauben, sein Vater sei ein Verräter gewesen. Sie selbst ist alles andere als glücklich darüber, dass sie von ihrem Mann alleingelassen worden ist. Die Szene wirft viele Fragen auf. Wer ist der namenlose Bote, der Lady Macduff vor dem bevorste-

intim: intimate

henden Attentat warnt? Warum schafft es Macduff nicht, seine Frau wissen zu lassen, dass er kein Verräter ist?

Die Wirkung dieser Szene auf die Zuschauerinnen und Zuschauer ist mehr als nur ein Auslösen von Mitleid; sie werden hier intensiver und unmittelbarer als sonst im Stück Teil einer Welt, in der ein Tyrann Gewalt einsetzt, schweres Leid verbreitet, um seinen Willen durchzusetzen und politische Macht auszuüben.

Die Gedankenwelt eines Tyrannen

Aus Macbeths Perspektive wiederum erfahren wir in seinen Monologen, wie es ist, in dieser Kette von blutigen Ereignissen gefangen zu sein und mit sich zu ringen. Allerdings ist sein Blick auf sein eigenes Tun gelegentlich sehr nüchtern:

Blood hath been shed ere now, i'th'olden time,
Ere humane statute purg'd the gentle weal;
Ay, and since too, murthers have been perform'd
Too terrible for the ear: the time has been,
That, when the brains were out, the man would die,
And there an end; but now, they rise again,
With twenty mortal murthers on their crowns,
And push us from our stools. This is more strange
Than such a murther is. (III,4, V. 74–82)

Diese Stelle ist, wenn man sie paraphrasiert, fast von unfreiwilliger Komik: ›Früher, war ein Ermordeter

Attentat: assassination

einfach ein Toter, nun aber kommen sie, auch wenn sie zwanzig Kopfwunden haben, als Geist zurück, um uns Angst einzujagen‹. An anderer Stelle bringt Macbeth zum Ausdruck, dass er in dieser Kette von Ereignissen gefangen ist:

> I am in blood
> Stepp'd in so far, that, should I wade no more,
> Returning were as tedious as go o'er. (III,4, V. 135–137)

Wenn wir Schwierigkeiten haben, Mitleid mit Macbeth zu empfinden, dann liegt es daran, dass Shakespeare uns Einblick in die Seele einer Figur gewährt, die am Rande der Menschlichkeit angekommen ist, der es also zeitweise gelingt, gänzlich von ihrem Gewissen abzusehen, um Grausamkeiten zu begehen. Malcolm nennt Macbeth, nachdem er ihn getötet und enthauptet hat, einen Metzger (»butcher«, V,9, V. 35). Die Herausforderung des Schauspielers, der die Rolle des Macbeth spielt, besteht darin, zwischen diesen Passagen der Machtgier und Gewalttätigkeit und solchen, in denen er Skrupel zeigt, zu changieren: Die Zuschauerinnen und Zuschauer sollen sich mit einer Figur identifizieren, die bisweilen wie ein Monster, ein Metzger wirkt. Wie Gewalttaten (seien es von den Figuren besprochene oder solche, die vor den Augen der Zuschauerinnen und Zuschauer stattfinden) sprachlich und schauspielerisch gestaltet und erlebt werden, spielt eine entscheidende Rolle bei dieser Identifikation.

Wechsel zwischen rücksichtsloser Gewalt und Reue

7. Autor und Zeit

Im Vergleich zu anderen Dichtern seiner Zeit weiß man relativ viel über Shakespeare. Zur Erforschung seines Lebens ist man auf Nennungen in Urkunden, in Steuerunterlagen und Gerichtsprotokollen sowie auf Erwähnungen in den Büchern seiner Zeitgenossen angewiesen. Shakespeares eigene Unterschrift ist nur sechsmal überliefert – aufgrund der unverbindlichen Rechtschreibung der damaligen Zeit allerdings in sechs verschiedenen Schreibweisen. Die Rechtschreibung des eigenen Namens variiert sogar innerhalb eines einzigen Dokuments: Im Testament schreibt er einmal »Shakspeare« und einmal »Shakspere«. Aus den überlieferten Dokumenten und Materialien (es werden übrigens immer noch neue Quellen entdeckt) ergibt sich folgende Biographie:

■ Quellen der Biographie

Shakespeare wird am 26. April 1564 in Stratford-upon-Avon getauft, wo er einige Tage zuvor zur Welt gekommen ist. Als Geburtstag gilt der 23. April, obwohl dies nicht sicher ist. Einige Monate nach seiner Geburt erreicht die Pest Stratford, und man kann von Glück sprechen, dass er nicht zu den etwa 250 Todesfällen zählt, die in der zweiten Hälfte des Jahres 1564 zu verzeichnen sind. Shakespeares Vater John ist nicht nur ein erfolgreicher Geschäftsmann, sondern auch als Ratsherr und Bürgermeister politisch tätig. Über

Urkunde: document | **unverbindlich:** non-binding | **Rechtschreibung:** spelling | **Pest:** plague | **Ratsherr:** alderman

Abb. 9: Das sogenannte Chandos-Porträt von William Shakespeare (entstanden zwischen 1600 und 1610, National Portrait Gallery, London)

die Mutter Shakespeares, Mary, weiß man sehr wenig. Shakespeare besucht höchstwahrscheinlich die örtliche *Grammar School* (›Lateinschule‹), wo er in der Literatur der Antike und in der Mythologie des klassischen Altertums gründlich unterrichtet wird. Moderne Sprachen stehen jedoch nicht im Lehrplan. Shakespeare lernt mit Sicherheit sowohl die Bibel als auch das Gebetsbuch (das *Book of Common Prayer*, in der 1559 von Königin Elizabeth freigegebenen Ausgabe) sehr gründlich kennen, unter anderem deswegen, weil der Kirchenbesuch obligatorisch ist. Man geht davon aus, dass Shakespeare die Schule wohl mit fünfzehn Jahren verlässt.

Schulausbildung

Sein Lebenslauf in den Folgejahren ist ungewiss; möglicherweise arbeitet er als Lehrer auf dem Land. Ende 1582, im Alter von achtzehn Jahren, heiratet er Anne Hathaway, im Mai 1583 kommt die erste Tochter Susanna zur Welt. Die Zwillinge Hamnet und Judith werden am 2. Februar 1585 getauft. Hamnet stirbt 1596.

Was Shakespeare zwischen 1585 und 1592 macht und wo er sich aufhält, ist unbekannt. Es scheint möglich, dass er 1587 einer reisenden Theatertruppe (*The Queen's Men*) beitritt, die sich gerade in Stratford aufhält. Womöglich auf diesem Wege gelangt er nach London, und schon 1592 ist Shakespeare eine bekannte Größe in der Theaterwelt – das weiß man nur des-

höchstwahrscheinlich: in all probability | **gründlich:** thoroughly *(adv.)*

wegen, weil sich ein Konkurrent schriftlich über ihn auslässt. Zu diesem Zeitpunkt schreibt er wohl seine ersten Komödien und Historien. Der Lyrik wendet sich Shakespeare zwischen 1593 und 1594 zu, als die Pest wütet und die Theater daher geschlossen bleiben müssen. Es erscheinen die Gedichte *Venus and Adonis* und *The Rape of Lucrece*. Zwischen 1593 und 1596 verfasst er wohl auch die meisten Sonette. 1596 wird Shakespeares Vater ein Wappen zugesprochen, was auch dem Sohn William den Status eines *gentleman* einbringt.

■ Lyrisches Werk

1595 tritt Shakespeare der Theatergruppe *The Chamberlain's Men* bei (ein *Chamberlain* ist ein hoher Hofbeamter), die bei Hofe spielen darf. Bis zum Ende seines Arbeitslebens bleibt er bei dieser Gruppe, eine für damalige Verhältnisse einzigartige Beziehung. Vermutlich muss Shakespeare jährlich zwei Theaterstücke liefern.

■ *The Chamberlain's Men*

1603 stirbt Königin Elizabeth I. Der neue König James I ist ein Freund der Künste und wird sogar Teilhaber an Shakespeares Theatertruppe, die nunmehr *The King's Men* heißt. *Macbeth* wird vermutlich 1606 zum ersten Mal aufgeführt und entspricht in vieler Hinsicht dem Geschmack des neuen Gönners. Ab etwa 1609 lässt Shakespeares künstlerische Produktion nach; er pflegt zunehmend seine Kontakte in Strat-

sich über jdn. auslassen: to go on about s.o. | **Wappen:** coat of arms | **Arbeitsleben:** working life | **vermutlich:** presumably

ford. Shakespeare ist im Alter wohlhabend genug, um dort ein Haus und Ländereien zu kaufen. Etwa 1611 zieht er sich dorthin zurück. Sein Testament verfasst er im März 1616. Er stirbt am 23. April 1616 und wird am 25. April in der Stratforder Pfarrkirche beigesetzt.

Shakespeares Persönlichkeit

Wer in Shakespeares Werken Spuren seiner Persönlichkeit sucht, wird sehr schnell merken, dass man darüber allenfalls spekulieren kann. Das hat zwei Gründe: Erstens enthalten die Dramen und Gedichte Shakespeares sehr unterschiedliche Themen und Charaktere, so dass eindeutige Rückschlüsse auf Anklänge an seine Person vermutlich kaum möglich sind; und zweitens sind die überlieferten historischen Dokumente, die im Gegensatz zu den Kunstwerken objektive Wahrheit versprechen, zu banal und betreffen fast ausschließlich alltägliche Angelegenheiten.

Shakespeares Zeitgenossen mochten ihn und nannten ihn häufig »sweet«, was sich aber eher auf seinen Schreibstil als auf seine Gemütsart beziehen könnte. Er war wohl sehr gebildet und zielstrebig, seine finanziellen Angelegenheiten erledigte er mit größter Vorsicht: Er hoffte, einen Teil seines Vermögens seinen Nachkommen hinterlassen zu können. Wenn man die Sonette heranzieht, entsteht auch das Bild eines leidenschaftlichen Liebhabers, und auch in den Dra-

wohlhabend: well-off, prosperous | **Testament:** will | **zielstrebig:** single-minded | **finanzielle Angelegenheiten:** financial affairs | **heranziehen:** hier: to consider s.th.

men ist die Sexualität immer wieder spürbar. Als Gegengewicht zur leidenschaftlichen Seite Shakespeares muss man große Selbstbeherrschung und Disziplin annehmen – Eigenschaften, denen wir letztlich sein großartiges Werk verdanken.

Verfasserschaftstheorien

■ Hat Shakespeare sein Werk selbst geschrieben?

Immer wieder wird behauptet, Shakespeare sei nicht der wahre Verfasser der ihm zugeschriebenen Stücke, sondern sie seien in Wirklichkeit vom Philosophen Sir Francis Bacon, vom Dichter Christopher Marlowe oder sogar von Königin Elizabeth I geschrieben worden. Solche kaum ernst zu nehmenden Theorien haben zwei Hintergründe. Erstens hielt man es für unmöglich, dass ein Junge vom Land, der eine vermeintlich bescheidene Ausbildung genossen hatte und keinen Universitätsabschluss vorzuweisen hatte, ein solches Gesamtwerk produzieren konnte. Die Stücke müssten also von anonymen ›university men‹ geschrieben worden sein; Shakespeare selbst habe seinem Stande gemäß nur die derberen Partien beigesteuert. Zweitens könne Shakespeares Gesamtwerk unmöglich von einem einzigen Menschen stammen, es sei dafür zu großartig, seine poetischen Qualitäten zu überragend.

Sexualität: sexuality | **jdm. etw. verdanken:** to owe s.th. to s.o. | **jdm. zugeschrieben:** attributed to s.o. | **kaum ernst zu nehmend:** hardly worthy of serious consideration | **anonym:** anonymous | **die derberen Partien:** the more vulgar sections

So abwegig solche Theorien auch sind – warum bestätigen sonst so viele seiner Zeitgenossen, dass er seine Werke geschrieben hat, und warum gibt es keinen einzigen Zeitgenossen, der Shakespeare als Urheber in Frage stellt? –, so ist doch ein Fünkchen Wahrheit darin enthalten. Der Forschung zufolge war Zusammenarbeit unter Dichtern durchaus üblich. Der große Bedarf an Texten machte es zuweilen erforderlich, dass Schriftsteller Projekte gemeinsam fertigstellten.[8] Es wird geschätzt, dass zu Shakespeares Zeiten mehr als die Hälfte aller für das Theater geschriebenen Stücke mehr als einen Autor hatten. Inwiefern dies auf Shakespeare selbst zutrifft, bleibt offen. Jedenfalls war Shakespeare kein Übermensch, sondern, wie viele seiner Kollegen, wohl ein pragmatischer Profi. Theaterstücke mussten oft schnell geschrieben werden und entstanden daher zum Teil auch unter Verwendung anderer Theaterstücke oder als Gemeinschaftswerk mehrerer Autoren. Jedenfalls sind Nachforschungen in diese Richtung sinnvoller als Spekulationen über Shakespeares ›wahre‹ Identität.

Hauptwerke

Die Historien

In der zweiten Hälfte des 16. Jahrhunderts waren historische Dramen in England sehr beliebt. Nach der Reformation, nach erfolgreich beendeten Kriegen ge-

geschätzt: estimated

gen andere europäische Nationen, besonders gegen die Spanier, wollte das Publikum ein neues Nationalbewusstsein auch auf der Bühne sehen.

Insgesamt acht der zehn Historiendramen Shakespeares lassen sich einer historischen Chronologie zuordnen, die mit der Entmachtung Richards II im Jahre 1399 beginnt und mit der Krönung Henry VII im Jahre 1485 endet (Ende der sogenannten Rosenkriege). Somit wird der Weg aus den Wirren der Rosenkriege bis zum ersten König aus dem Hause Tudor gefeiert. Indirekt wird Elizabeth I damit als Heilsbringerin nach Jahren der Kriegswirren und blutiger Intrigen bestätigt.

Die chronologische Anordnung der Historien sieht so aus (Entstehungsjahre in Klammern):[9]

Richard II (um 1595)
1 Henry IV (zwischen 1596 und 1597)
2 Henry IV (zwischen 1596 und 1599)
Henry V (um 1599)
1 Henry VI (*The First Part of Henry the Sixt*, um 1591)
2 Henry VI (*The First Part of the Contention of the Two Famous Houses of York and Lancaster*, um 1591)
3 Henry VI (*The True Tragedy of Richard Duke of York and the Good King Henry the Sixth*, um 1591)
Richard III (um 1593)

Nationalbewusstsein: patriotism | **Entmachtung:** deposition | **Rosenkriege:** Wars of the Roses

Außerhalb dieser Chronologie befinden sich die anderen beiden Historiendramen *Henry VIII* (auch *All is True*, 1613), in dem es um die mittleren Jahre der Regentschaft Henrys VIII (König von 1509 bis 1547) geht, und *King John* (zwischen 1594 und 1596), das im frühen 13. Jahrhundert spielt.

Die sogenannten Römerdramen (*Titus Andronicus, zwischen 1588 und 1593, Julius Caesar*, ca. 1599, und *Antony and Cleopatra*, zwischen 1606 und 1607) befassen sich auch mit historischen Figuren, gelten aber nicht als *History Plays*. Shakespeare ließ sich durch die Schriften Plutarchs dazu inspirieren. Im Mittelpunkt steht der Charakter der Herrscherfiguren.

Die Komödien

Die Komödie gilt schon seit der Antike als eine im Vergleich zur Tragödie minderwertige dramatische Form. Für die Komödie spreche eigentlich nur der didaktische Aspekt, so die Kritiker. Shakespeares Komödien wollen aber nicht belehren. Es sind fast immer Liebesgeschichten. Shakespeare orientierte sich an Komödien der griechischen Tradition. Auch italienische Stoffe zog er heran, zum Beispiel aus Boccaccios *Il Decamerone* (die er allerdings in englischer Übersetzung gelesen hat), und in *A Midsummer Night's Dream* stammt der Stoff zum Teil aus dem

sich durch etw. inspirieren lassen: to be inspired by s.th. | **minderwertig:** inferior

Volksglauben. Shakespeares Komödien spielen fast immer an einem exotischen Ort: an der böhmischen Küste (*The Winter's Tale*), die es bekanntlich nicht gibt, in Athen (*A Midsummer Night's Dream*) oder Italien (*Much Ado About Nothing*). Es kommen zur Erheiterung des Publikums Verwechslungen und Missverständnisse vor; Zwillinge werden getrennt und finden sich wieder (*Comedy of Errors, Twelfth Night*). Gewöhnlich spielt ein Teil der Handlung in einer utopischen, idyllischen Welt.

Love's Labour's Lost, zwischen 1595 und 1596
The Comedy of Errors, 1594
A Midsummer Night's Dream, zwischen 1595 und 1596
As You Like It, 1599
The Merchant of Venice, zwischen 1596 und 1599
Much Ado About Nothing, von 1598 bis 1599
Twelfth Night, zwischen 1601 und 1602

Die Tragödien

Im Mittelpunkt der Tragödien Shakespeares steht der Mensch: Im Vergleich zu antiken Vorbildern spielen die Götter nur eine untergeordnete Rolle. Shakespeare legt damit nahe, dass nicht allein das Schicksal oder übernatürliche Kräfte, sondern wesentlich auch

Verwechslung: confusion; mix-up | **Missverständnis:** misunderstanding | **untergeordnet:** hier: secondary

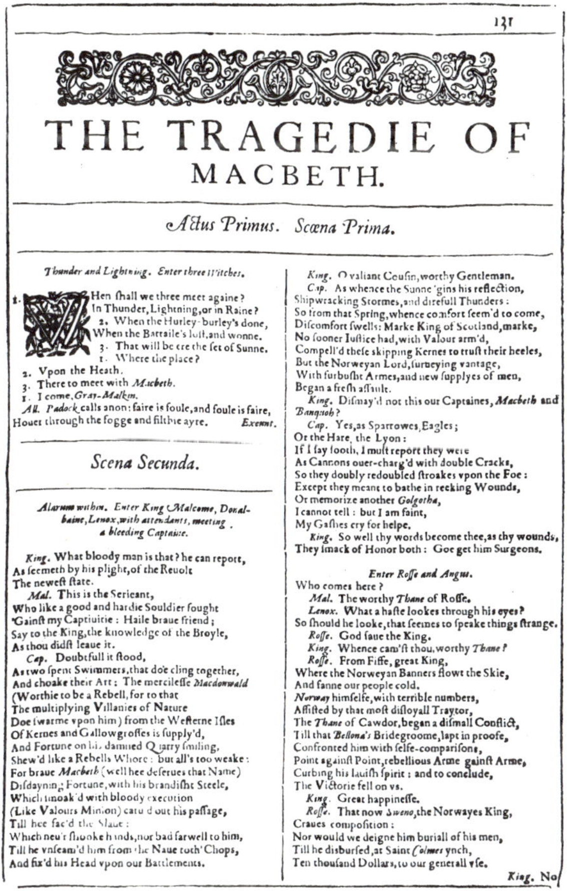

131

THE TRAGEDIE OF MACBETH.

Actus Primus. Scœna Prima.

Thunder and Lightning. Enter three Witches.

1. WHen ſhall we three meet againe?
In Thunder, Lightning, or in Raine?
2. When the Hurley-burley's done,
When the Battaile's loſt, and wonne.
3. That will be ere the ſet of Sunne.
1. Where the place?
2. Vpon the Heath.
3. There to meet with *Macbeth*.
1. I come, *Gray-Malkin*.
All. *Padock* calls anon: faire is foule, and foule is faire,
Houer through the fogge and filthie ayre. *Exeunt.*

Scena Secunda.

Alarum within. Enter King Malcome, Donalbaine, Lenox, with attendants, meeting a bleeding Captaine.

King. What bloody man is that? he can report,
As ſeemeth by his plight, of the Reuolt
The neweſt ſtate.
Mal. This is the Serieant,
Who like a good and hardie Souldier fought
'Gainſt my Captiuitie: Haile braue friend;
Say to the King, the knowledge of the Broyle,
As thou didſt leaue it.
Cap. Doubtfull it ſtood,
As two ſpent Swimmers, that doe cling together,
And choake their Art: The mercileſſe *Macdonwald*
(Worthie to be a Rebell, for to that
The multiplying Villanies of Nature
Doe ſwarme vpon him) from the Weſterne Iſles
Of Kernes and Gallowgroſſes is ſupply'd,
And Fortune on his damned Quarry ſmiling,
Shew'd like a Rebells Whore: but all's too weake:
For braue *Macbeth* (well hee deſerues that Name)
Diſdayning Fortune, with his brandiſht Steele,
Which ſmoak'd with bloody execution
(Like Valours Minion) caru'd out his paſſage,
Till hee fac'd the Slaue:
Which neu'r ſhooke hands, nor bad farwell to him,
Till he vnſeam'd him from the Naue toth' Chops,
And fix'd his Head vpon our Battlements.

King. O valiant Couſin, worthy Gentleman.
Cap. As whence the Sunne 'gins his reflection,
Shipwracking Stormes, and direfull Thunders:
So from that Spring, whence comfort ſeem'd to come,
Diſcomfort ſwells: Marke King of Scotland, marke,
No ſooner Iuſtice had, with Valour arm'd,
Compell'd theſe skipping Kernes to truſt their heeles,
But the Norweyan Lord, ſurueying vantage,
With furbuſht Armes, and new ſupplyes of men,
Began a freſh aſſault.
King. Diſmay'd not this our Captaines, *Macbeth* and *Banquoh*?
Cap. Yes, as Sparrowes, Eagles;
Or the Hare, the Lyon:
If I ſay ſooth, I muſt report they were
As Cannons ouer-charg'd with double Cracks,
So they doubly redoubled ſtroakes vpon the Foe:
Except they meant to bathe in reeking Wounds,
Or memorize another *Golgotha*,
I cannot tell: but I am faint,
My Gaſhes cry for helpe.
King. So well thy words become thee, as thy wounds,
They ſmack of Honor both: Goe get him Surgeons.

Enter Roſſe and Angus.

Who comes here?
Mal. The worthy *Thane* of Roſſe.
Lenox. What a haſte lookes through his eyes?
So ſhould he looke, that ſeemes to ſpeake things ſtrange.
Roſſe. God ſaue the King.
King. Whence cam'ſt thou, worthy *Thane*?
Roſſe. From Fiffe, great King,
Where the Norweyan Banners flowt the Skie,
And fanne our people cold.
Norway himſelfe, with terrible numbers,
Aſſiſted by that moſt diſloyall Traytor,
The *Thane* of Cawdor, began a diſmall Conflict,
Till that *Bellona's* Bridegroome, lapt in proofe,
Confronted him with ſelfe-compariſons,
Point againſt Point, rebellious Arme 'gainſt Arme,
Curbing his lauiſh ſpirit: and to conclude,
The Victorie fell on vs.
King. Great happineſſe.
Roſſe. That now *Sweno*, the Norwayes King,
Craues compoſition:
Nor would we deigne him buriall of his men,
Till he disburſed, at Saint *Colmes* ynch,
Ten thouſand Dollars, to our generall vſe.

King. No

Abb. 10: Erste Seite der *Tragedie of Macbeth* im First Folio

der Charakter und die Handlungen eines Individuums zur Katastrophe führen.

Romeo and Juliet, zwischen 1591 und 1595
Hamlet, zwischen 1598 und 1601
Othello, zwischen 1603 und 1604
Macbeth, zwischen 1603 und 1606
King Lear, zwischen 1605 und 1606
Timon of Athens, zwischen 1605 und 1606
Coriolanus, zwischen 1605 und 1610

Die Sonette

Shakespeares 154 Sonette, 1609 in einer Druckausgabe erschienen, sind sein bedeutendster Beitrag zur Lyrik. Die Liebessonette sind in aller Welt geschätzt und in viele Sprachen übersetzt worden. Ein Sonett folgt einer genau festgelegten Form, die in Italien im 13. Jahrhundert entstanden ist. Die Beherrschung dieser strengen Form gilt als Nachweis höchsten dichterischen Könnens. Ein Sonett besteht aus 14 Zeilen. Während die Sonette Petrarcas aus einem Oktett und einem Sextett bestehen, weisen Shakespeares Sonette – mit Ausnahme des 126. Sonetts – drei Quartette und einen Zweizeiler auf.

Die 154 Sonette kann man grob gliedern. Die ersten 17 Sonette sind an einen »Fair youth« adressiert und drängen ihn dazu, zu heiraten und einen Erben zu

bedeutend: hier: significant

zeugen. Die folgenden Sonette, bis einschließlich dem 126., beleuchten verschiedene Aspekte der Beziehung zu diesem Mann: Die gegenseitige Liebe wird gefeiert (was zu Spekulationen über Shakespeares Sexualität geführt hat); es wird über die Sterblichkeit gedichtet; es kommt wegen einer Beziehung zu einem konkurrierenden Poeten Eifersucht auf. In den Sonetten 127 bis 154 geht es um eine sogenannte »Dark Lady«, die schwarze Augen, schwarzes Haar und einen dunklen Teint hat. Sie wird unter anderem als Tyrannin und Ehebrecherin charakterisiert und übt eine große erotische Anziehungskraft auf den Dichter aus.

The dark lady

Shakespeares Sonette sind höchst kunstvolle lyrische Produkte. Es hat wenig Sinn, sie in Verbindung mit Shakespeares Biographie zu bringen; sie behandeln rätselhafte, unaussprechliche Sehnsüchte, die im Rahmen eines kunstvollen Spiels mit der Sprache poetisch zur Geltung kommen.

zeugen: to beget | **Eifersucht:** jealousy | **Tyrannin:** tyrant | **Ehebrecherin:** adulteress | **erotische Anziehungskraft:** erotic attraction | **unaussprechlich:** ineffable; unutterable

8. Rezeption

Macbeth stellt große Herausforderungen an Schauspielerinnen und Schauspieler und an das Publikum. Die Geschichte der *Macbeth*-Rezeption macht dies deutlich und ist zugleich eine Geschichte dessen, was jeweils zu verschiedenen Zeiten als akzeptabel galt. Das betrifft nicht nur die Gewaltszenen, sondern auch die Hexen: Bis ins 18. Jahrhundert hinein wurden bei Aufführungen von *Macbeth* die Hexenszenen als komische Showeinlagen mit Tanz und Gesang inszeniert – auf Kosten des Unheimlichen, Bedrohlichen. Die Hexen wurden zudem noch durch Männer dargestellt, obwohl das Verbot von Frauen auf der Bühne längst nicht mehr gültig war, was das Ganze zuweilen zu einer Farce werden ließ.

■ Das Schicksal der Hexen auf der Bühne

Nach der Schließung der Theater im Jahr 1642 auf Drängen der Puritaner wurden Shakespeares Dramen erst ab 1660 wieder aufgeführt, aber unter wesentlich veränderten Bedingungen. Shakespeare wurde plötzlich zum Vertreter einer vergangenen Epoche. Seine Werke wurden zwar noch bewundert, aber viele sahen sich dazu veranlasst, Shakespeares Werk zu verfeinern und darin aufzuräumen, vermeintliche Mängel zu entfernen (die Tragödie *King Lear* wurde sogar

Herausforderung: challenge | **akzeptabel:** acceptable | **unter veränderten Bedingungen:** under changed circumstances | **Vertreter:** representative | **vergangen:** past | **etw. verfeinern:** to refine s.th. | **vermeintlich:** supposed

mit einem Happy End aufgeführt). Die starken Bilder des Shakespeare'schen Textes entsprachen nicht dem Geschmack der *Restoration*. Sir William Davenant fühlte sich dazu berufen, 1664 eine *Macbeth*-Umarbeitung vorzulegen, die opernhafte Züge trägt. Zur Unterhaltung und Erheiterung des Publikums lässt er die Hexen fliegen und liefert einen glatten, unanstößigen Text: Aus »Fortune, on his damned quarrel smiling, / Show'd like a rebel's whore« (I,2 V. 14 f., *whore* = Hure) wird beispielsweise »Fortune with her smiles obliged awhile«. Auch Friedrich Schiller griff bei seiner *Macbeth*-Bearbeitung, die 1800 uraufgeführt wurde, in die Textgestalt ein. Er empfand das Gerede des Pförtners als grotesk und ersetzte es durch ein frommes Morgenlied. Die Hexen wurden noch bis in die Mitte des 19. Jahrhunderts als komische Figuren dargestellt (wohl auch deswegen, weil es viele Schauspielertruppen gab, die sich auf komische Rollen spezialisiert hatten).

Im 18. Jahrhundert wuchs das Interesse für die Psychologie der Hauptfigur. Allerdings erkannte man in Macbeth zunächst einen edlen tragischen Helden, der erst durch die Manipulationen seiner Frau zum Mörder wird. Um diese Interpretation glaubwürdig zu machen, wurde der Überfall auf die Macduffs gerne gestrichen, und auch der junge Siward musste nicht

Macbeth, der Held

Happy End: happy ending | **glatt:** hier: smooth | **unanstößig:** inoffensive | **uraufgeführt:** performed for the first time | **fromm:** pious | **glaubwürdig:** believable

sterben. Zur Veredelung von Macbeths Charakter, der als einer der wenigen Shakespeare-Helden wortlos stirbt, durfte er kurz vor seinem Ableben eine fromme Rede halten. Lady Macbeth galt durch und durch als Monster. Allerdings gab es auch Stimmen, die sie als treuliebende Ehefrau sehen wollten, die ihrem Mann zu einer besseren Position verhelfen will. Nicht Lady Macbeth, sondern Macbeth selbst ist dieser Interpretation zufolge der böse Verbrecher.

Macbeth, das Monster

Im 19. Jahrhundert wendete sich das Blatt: Lady Macbeth wurde als liebende und aufopfernde Gattin gesehen, Macbeth selbst als feiger und blutrünstiger Mörder. Im 20. Jahrhundert fallen die Neuinterpretationen oder Nachdichtungen durch Brecht (*Macbeth*) und Heiner Müller (*Macbeth nach Shakespeare*) auf.

In der Nachkriegszeit galt die Aufmerksamkeit der Theaterleute der Psychologie der Macbeths. In der Inszenierung der Royal Shakespeare Company durch Adrian Noble 1986 geht die Ehe der Macbeths an der Kinderlosigkeit zugrunde. In der zweiten Hälfte des 20. Jahrhunderts wächst das Bewusstsein für politische Aspekte des Textes.

Feministische Ansätze

Im Mittelpunkt der Überlegungen feministischer Literaturkritikerinnen und -kritiker steht das Paradox, dass in einer Gesellschaft, in der Frauen ökonomisch, politisch und sexuell von ihren Männern abhängig waren, eine Frau, Königin Elizabeth, die absolute politische Macht hatte. Weiblichkeit galt ehemals

Kinderlosigkeit: childlessness

in den Augen vieler Philosophinnen und Wissenschaftler als »Zeichen unausgereifter Menschlichkeit«.[10] Gerade in *Macbeth* ist es hochinteressant, zu überlegen, inwiefern Lady Macbeth von ihrem Mann abhängig ist – und ob er sich vielleicht auch umgekehrt in manchen Belangen ihr unterwerfen muss. Lady Macbeths eigene Äußerungen können dabei als vielschichtige und poetische Stellungnahmen zu Weiblichkeit gesehen werden.

Auch den Hexen gilt die Aufmerksamkeit feministischer Literaturkritikerinnen und -kritiker. In Europa galt es jahrhundertelang, angebliche Hexen zu disziplinieren, zu verfolgen und hinzurichten. Auch hier bietet Macbeth viel Raum für Interpretation, denn es sind die Hexen, die, obwohl sie am Rande der Gesellschaft leben, als allwissende Figuren auftreten. Der englische Literaturwissenschaftler und Kulturkritiker Terry Eagleton erkennt in den Hexen subversive Kräfte, die die Sozialordnung in Frage stellen. Sie lassen die Grenzen des Ehrgeizes und des Herrschaftswillens, die Konstruiertheit von Männlichkeit als einer gesellschaftlich geprägten Kategorie deutlich werden. Eagleton betont, dass die Hexen zugleich Dichterinnen sind, die in ihrer poetischen Sprache ihrer Verachtung des männlichen Herrscherwillens Ausdruck verleihen. Um diese subversive Rolle der Hexen zu unterstreichen, lassen einige Inszenierungen sie in

subversive Kraft: subversive power | **Sozialordnung:** social order

der Schlussszene auftreten, wodurch deutlich wird, dass das Schicksal der Männer, das Schicksal aller Machtgelüste doch in den Händen dieser Außenseiterinnen liegt, die Ereignisse vorhergesagt und, zumindest zu einem gewissen Grad, gelenkt haben.

Verfilmungen

Jede Verfilmung eines literarischen Stoffes ist zugleich eine Interpretation. Eine genaue Untersuchung der jeweiligen Verfilmung und im Idealfall ein Vergleich mit anderen Adaptionen ist daher gewinnbringend. Gerade bei *Macbeth* gibt es einige offene Fragen, die bei Verfilmungen unterschiedlich gelöst werden (zum Beispiel: Wer ist der dritte Mörder, der in III,3 plötzlich auftaucht? Haben die Macbeths ein Kind?). Im Allgemeinen neigen die *Macbeth*-Verfilmungen dazu, die Handlung zu verlangsamen, während die Handlung auf der Bühne schnell vor sich geht.

Orson Welles präsentierte 1948 eine eigenwillige Interpretation der Tragödie. Auffällig ist, dass Welles, der in der Hauptrolle als ein betrunkener Macbeth zu sehen ist, eine Unterhaltung zwischen Lady Macbeth und Macduffs Sohn kurz vor dessen Tod sowie einen »Holy Father« ergänzt hat, der Malcolms Armee gegen Macbeth anführt.

gewinnbringend: gainful | **verlangsamen:** to slow down; to retard | **eigenwillig:** idiosyncratic | **betrunken:** drunk

Abb. 11: Szene aus der Verfilmung von Roman Polański von 1971 mit Francesca Annis als Lady Macbeth – AF archive / Alamy Stock Foto

Throne of Blood (1957) ist eine Verfilmung des japanischen Regisseurs Akira Kurosawa. Der Text ist darin radikal gekürzt, die Handlung ins mittelalterliche Japan verlegt, aber der Film gilt trotzdem als eine gelungene Umsetzung der Vorlage, besonders was die Atmosphäre betrifft.

Polańskis *Macbeth*

Die Verfilmung des polnischen Regisseurs Roman Polański war bei ihrem Erscheinen 1971 nicht unumstritten und hat vierzig Jahre später an Brisanz kaum eingebüßt. Polański entschied sich für eine realistische Darstellung der Gewalttaten, die bei Shakespeare abseits der Bühne stattfinden: die Hinrichtung des Thane of Cawdor, der Königsmord, die Metzelei in der Burg Macduffs, der Anblick der ermordeten Kämmerer, Macbeths Enthauptung. Macbeth wird ferner beim Abendessen mit dem übel zugerichteten Geist Banquos konfrontiert, während es auf der Bühne ebenso wirkungsvoll sein kann, Macbeth mit einer imaginären Erscheinung zu konfrontieren, die neben den Gästen der Tafelrunde auch die Zuschauerinnen und Zuschauer nicht sehen. Hinzu kommen einige Nacktszenen: Lady Macbeth ist beim Schlafwandeln nackt (obwohl es bei Shakespeare heißt, dass sie ein Nachthemd trägt); und die Hexen sind am Anfang des vierten Aktes ebenfalls unbekleidet. All das macht Polańskis *Macbeth* höchst umstritten (einige Kritike-

gekürzt: condensed; shortened | **unumstritten sein:** to be without controversy | **Brisanz:** explosiveness | **abseits der Bühne:** off-stage | **Nacktszenen:** nude scenes | **Nachthemd:** night shirt

Abb. 12: Szene aus der Inszenierung von Trevor Nunn (1979) mit Ian McKellen als Macbeth und Judi Dench als Lady Macbeth – © Shutterstock

rinnen und Kritiker nahmen auch daran Anstoß, dass die Finanzierung durch den Playboy-Chef Hugh Heffner geleistet wurde).

Leider lenken diese Sensationen von den hochinteressanten Interpretationsansätzen Polańskis ab. Die Nebenfigur Rosse wird in Polańskis Verfilmung zu einem Opportunisten: Er ist der dritte Mörder beim Anschlag auf Banquo, und er sorgt dafür, dass die Mörder in Macduffs Burg eindringen können. Es ist eine durchaus pessimistische Interpretation, bei der zum Schluss nicht die politische Ordnung wiederhergestellt wird, sondern der Zyklus der Gewalt wieder von vorne zu beginnen droht: Die letzte Szene zeigt, wie Donalbain, wohl in der Hoffnung, einen Fingerzeig bezüglich seines eigenen Weges zur Macht zu bekommen, die Hexen aufsucht. Auch unter Malcolms Herrschaft wird sich der Kampf um Macht und Herrschaft fortsetzen; er muss sich in Acht nehmen vor dem eigenen Bruder.

Die Macbeths werden durch ein junges Paar dargestellt, was die erotische Spannung zwischen den beiden, die in manchen Inszenierungen zu kurz kommt, zur Geltung kommen lässt. Besonders hervorzuheben sind die Monologe, die im Film zu *inneren* Monologen werden, eine wirkungsvolle Technik. Ebenfalls gelungen ist die Darstellung des Königsmords. Hier

Interpretationsansatz: interpretative approach | **Opportunist:** opportunist | **pessimistisch:** pessimistic | **sich vor jdm./etw. in Acht nehmen:** to beware of s.o./s.th.

lässt eine Kleinigkeit auf die Interpretationsarbeit des Drehbuchautors schließen: Kurz bevor Macbeth Duncan ermordet, wacht dieser auf und schaut Macbeth in die Augen. Ab diesem Zeitpunkt weiß Macbeth, der eben noch gezögert hat, dass er die Tat vollbringen muss. Bemängeln möchte man nur die Langsamkeit des Geschehens: Während bei Shakespeare die Ereignisse Schlag auf Schlag folgen, wirken die vielen Naturszenen in der Verfilmung retardierend. Insgesamt handelt es sich um eine gelungene und sehenswerte Umsetzung des Dramas.

Ebenfalls aus den 1970er Jahren stammt die Fernsehversion unter der Regie von Philip Casson nach der Theaterinszenierung der Royal Shakespeare Company, bei der Trevor Nunn Regie führte. In den Hauptrollen zu sehen sind Ian McKellen und Judy Dench, die beide später weltberühmt werden sollten. Die Inszenierung ist schlicht, aber überzeugend; die schauspielerische Leistung überragend.

Äußerst gelungen und vor allem für fortgeschrittene Leserinnen und Leser empfehlenswert, die sich mit den Grundthemen des Dramas vertraut gemacht haben, ist die BBC-Verfilmung *Macbeth* (2005) aus der Reihe *ShakespeaRe-Told.* Die Handlung wird in ein Londoner Edelrestaurant der Gegenwart verlegt. Macbeth ist ein junger, ehrgeiziger Koch, der den Inhaber des Restaurants stürzen möchte. Die drei He-

Macbeth postmodern

fortgeschritten: advanced

xen werden durch Müllmänner dargestellt. Sie sagen voraus, Macbeth könne erst dann besiegt werden, wenn »pigs will fly«, eine Anspielung auf die Redewendung »pigs might fly«, mit der ein höchst unwahrscheinliches Ereignis bezeichnet wird. Als Macbeth über sich Polizeihubschrauber erblickt (*pig* = umgangssprachlich für ›Polizist‹), erkennt er die Aussichtslosigkeit seiner Lage. Beeindruckende Einzelleistungen (besonders von Keeley Hawes in der Rolle der Lady Macbeth) und ein hochoriginelles Regiekonzept machen diese Verfilmung zu einer reizvollen Ergänzung, die nicht zuletzt die Zeitlosigkeit der in *Macbeth* verhandelten Themen, ihre Übertragbarkeit in andere Kontexte unter Beweis stellt.

Der Regisseur Justin Kurzel brachte 2015 eine neue *Macbeth*-Verfilmung heraus. In den Hauptrollen sind Michael Fassbender und Marion Cotillard zu sehen. Wie auch in vielen anderen *Macbeth*-Verfilmungen werden Schlachten und Bluttaten gezeigt, die bei einer Bühnenproduktion nicht zu sehen wären. Es bleibt abzusehen, ob diese aufwändige Produktion, die bei Kritikerinnen und Kritikern gut angekommen ist, aber kein kommerzieller Erfolg war, noch Bestand hat. Wirklich neue Impulse gibt die Verfilmung nicht.

Es gibt zwei Opern nach *Macbeth*, eine gleichnamige von Giuseppe Verdi (Uraufführung 1847, Urauf-

Müllmann: binman; garbage collector | **höchst unwahrscheinlich:** highly unlikely | **Einzelleistung:** individual performance

führung der revidierten Fassung 1865) und eine von Dmitri Schostakowitsch, *Lady Macbeth von Mzensk* (Uraufführung 1934, Uraufführung der revidierten Fassung unter dem Titel *Katerina Izmailova* 1962). Zu erwähnen sind auch eine Tondichtung von Richard Strauss (zwischen 1886 und 1897 entstanden drei verschiedene Fassungen) und die Jazz-Suite *Such Sweet Thunder* des Jazzmusikers Duke Ellington (entstanden von 1956 bis 1957, Erstveröffentlichung 1987).

Tondichtung: tone poem | **Jazzmusiker:** jazz musician

9. Prüfungsaufgaben mit Lösungshinweisen

Aufgabe 1: Characterisation

Arbeitsauftrag 1: Characterise Macbeth *or* Lady Macbeth

Lösungshinweise

Questions to ask yourself:

Basic Information
- What do we know about him/her?

Status
- What is his/her position within his/her family and within society more broadly?
- Which conflicts is he/she involved in during the course of the play?

Personality
- What can you say about his/her personality based on
  - his/her actions?
  - the way he/she speaks?
  - the things he/she says?

Summary
- Does he/she change throughout the course of the play?

Examples:

Macbeth is by all accounts a brave soldier. He enjoys the respect of his king, and at the beginning of the play we hear of his deeds. They speak of bravery; but also of violence. His ability to be victorious on the battlefield is a foretaste of the violent acts he will commit later. Bravery and loyalty are two characteristics any king will expect of his nobility, so in a way it is not surprising that Macbeth is presented in this way. But if we want to discover his true character, we need to look to his soliloquies, those moments where he reflects on his deeds and what they mean. Here we see that Macbeth does indeed give considerable thought to his actions. When it comes to murdering the king, Macbeth is hesitant. His wife, Lady Macbeth, reveals to us in one of her monologues that he is ambitious, but that he lacks the courage to pursue and realize his plans. Once Macbeth has killed Duncan, it becomes clear that his ambition and his thirst for power will mean he will stop at nothing. He is ruthless in his pursual of those who stand in his way. At several points in the play we notice a certain coldness and cynicism, for example when he expresses his dismay that Banquo's ghost appears, or when he says that he is so deep in blood that he might as well carry on. So on the whole, Macbeth's character is a mixture of incredible ambition, which makes him gullible and receptive to the witches' revelations and which, in the course of the play, destroys the sense of right and wrong which he obviously had at the beginning of the play.

Lady Macbeth is Macbeth's wife. She is such a powerful character, full of ambition and a thirst for power, that it seems – at least in the beginning – as if she is much more important to the plot than Macbeth himself. She is cynical and bullying, for instance, when she ridicules her husband for not being ›manly‹ enough. Contrary to her husband, she does not hesitate to make plans to murder Duncan. During the first three acts, she therefore seems to be a thoroughly evil, ruthless person. She is fully aware of the implications of murdering the king, and she has such ambition that she exhorts herself to shed feelings such as compassion in order that she can carry out the dreadful deeds she is planning. What is more, she is manipulative and knows how to persuade her husband to carry out a crime he is initially doubtful about. The fact that she goes to such lengths to overcome her own natural feelings of compassion suggests to us that she is, however, more than just a monster. She is calculating, ambitious, but she is perhaps only temporarily cold-hearted. She suffers enormously for what she does, and never recovers from the psychological stress resulting from her feelings of enormous guilt. This is not really quite enough for us to feel sympathy for her plight, however, because we really only experience Lady Macbeth as a manipulative and power-hungry woman with no scruples on the one hand, and as a mad-woman on the other, who is obviously suffering from serious psychological problems. Indeed, she is obviously mentally ill, affected by a trauma the doctor is unable to cure, even though Macbeth seems to think this might be possible. Lady Macbeth almost certainly commits suicide, unable to deal with the consequences of her actions. In short, she is ambitious and manipulative, but ultimately she is not cold-hearted enough to live with the consequences of her actions.

Aufgabe 2: Creative Writing

Arbeitsauftrag 2: You are the doctor. Write a letter to a friend about your meeting with Lady Macbeth at the beginning of act 5.

Lösungshinweise

Example:

Dear X,

I write to you from Dunsinane, where rumours abound about unnatural and strange deeds, and where the new King Macbeth and his wife seem to live in constant fear – but each in his own way. Macbeth is irascible and short-tempered, to a degree I have not witnessed before. However, I am more concerned about Lady Macbeth. She is no longer the woman she once was, and she is showing some very unusual behaviour. She speaks to herself and, although asleep, wanders around her chambers. I had heard of sleepwalking before, but I have never experienced it like this. She even carries a candle as she walks. Furthermore, she has no idea at all that there are people nearby. I stood right next to her as she washed her hands – at least she pretended to do so. In fact, she was just rubbing her hands together. According to a lady-in-waiting who I spoke to, she sometimes does this for a quarter of an hour at a time, talking of blood and hell, and Banquo and the knocking at the gate! This is to me most frightening and unnatural! I really do not know what has possessed her. In particular, the knocking at the gate frightens me. What does she mean by that? The poor woman! Imagine being obsessed by death and blood! All I know is that something terrible must have happened. Worst of all, the thing that plagues her poor heart is, I fear, something that will plague us all. This will not end happily. I wish I could get away from here! Nothing would ever bring me back to Dunsinane. It is an unhappy place. As for Lady Macbeth, there is nothing I can do for her. I believe she herself must find her way back to a pure heart and a cheerful disposition. And I pray to God that this may be so.

Sincerely,

X

Aufgabe 3: Analysis

Arbeitsauftrag 3: Discuss the following quote from *Macbeth* in the context of the play.

Life's but a walking shadow; a poor player,
That struts and frets his hour upon the stage,
And then is heard no more: It is a tale

Told by an idiot, full of sound and fury,
Signifying nothing. (V,5, V. 24–28)

Lösungshinweise

Questions to ask yourself:

Who says this? When?
What do the individual words mean? Are there any stylistic peculiarities?

Example:

This quote is taken from a soliloquy delivered by Macbeth in act five. He has just heard of his wife's death and reacts with some reflections on human mortality. The imagery is interesting because it combines the language of the theatre with the language of Christian thought on the nature of life. The Bible contains many passages where the brevity and insubstantiality of our lives are compared with a shadow: »our days on the earth are as a shadow« (Old Testament, 1 Chronicles 29.15) is one famous example. The idea that is expressed in the given quote from *Macbeth* is that our lives are short and that, in the end, our individual lives do not really mean very much. But shadow here also refers to an actor, as becomes particularly obvious when considering Macbeth's following words: »a poor player«. This could mean two things: firstly, a bad actor; and secondly, an actor who we should feel sorry for or take pity on. The word »strut«, which means walking in a proud way to look important, expresses the vanity of human activity; »fret« means to worry unduly. According to Macbeth, then, it seems as if human beings are all actors, as if they feign their passions and, ultimately, lose their individuality. The »sound and fury« refers to the emotional burdens that one suffers throughout one's life. »Signifying nothing« suggests on one level that life is meaningless; but within the context of the play it could also refer to the theme of deceit and false appearances. In the context of the fifth act of *Macbeth* the quote stands out because it offers such a clear view of a basic philosophical question: Much of the play is concerned with false appearances and equivocation, with lies and deceit, with the loss of orientation in moral questions – and the fifth act is also the point in the play where Macbeth realizes that it was wrong to believe those who manipulated him and deceived him with ambiguous statements. All in all, this is a very pessimistic and even nihilistic view of human existence – and yet it is expressed in such beautiful poetry. Despite the fact that the language is beautifully visual, in that Macbeth choses highly illustrative examples to put into words abstract matters such as the insignificance of life, the soliloquy remains dark and despairing.

10. Anmerkungen

1 Grundlage für den Druck der sogenannten Folio-Ausgabe war ein *playbook* (der Text, der dem sogenannten Master of the Revels, dem im englischen Königreich die Zensur von Theaterstücken oblag, zur Genehmigung vorgelegt wurde). Aus verschiedenen Gründen ist der Text unzuverlässig: Einige Szenen wurden von späteren Herausgebern oder Dichtern hinzugefügt, und an vielen Stellen scheinen einzelne Wörter oder Vershälften zu fehlen.

2 Diese Szene stammt nicht von Shakespeare und ist für die Handlung unbedeutend.

3 Sofern er welche hat. Die Fragen, ob die Macbeths Kinder haben oder nicht, und ob es womöglich ein gemeinsames Kind gab, das bereits vor Beginn der Handlung auf der Bühne gestorben sei, wurde in der Forschung heftig diskutiert. Siehe dazu L. C. Knights, »How many children had Lady Macbeth?«, in: L. C. K., *Explorations*, London 1946, S. 1–39.

4 So der Dramatiker Harley Granville-Barker, zit. nach: William Shakespeare, *Macbeth*, hrsg. von Kenneth Muir, London [u. a.] 1984 [zuerst 1951] (The Arden Shakespeare.), S. 3 Anm.

5 Diesen interpretatorischen Ansatz schlägt Janette Dillion vor: *The Cambridge Introduction to Shakespeare's Tragedies*, Cambridge 2007, S. 124.

6 So formuliert in: Ina Schabert, *Shakespeare Handbuch. Die Zeit, der Mensch, das Werk, die Nachwelt*, Stuttgart 2009, S. 560.

7 David Crystal and Ben Crystal, *Shakespeare's Words. A Glossary and Language Comparison*, London 2002, S. 453.

8 Siehe hierzu: Stanley Wells, *Shakespeare and Co.: Christopher Marlowe, Thomas Dekker, Ben Johnson, Thomas Middleton, John Fletcher and the other players in his Story*, London 2006.

9 Diese acht Historien werden gerne in zwei Tetralogien eingeteilt, wobei die ›zweite‹ Tetralogie die ersten vier Dramen, die ›erste‹ die letzten vier umfasst. Das spiegelt die Reihenfolge der Entstehung wider. Die drei Teile von *Henry VI* und *Richard III* sind in den frühen 1590er Jahren geschrieben worden. *Richard II*, die beiden Teile von *Henry IV* und *Henry V* sind in den späten 1590er Jahren entstanden. Üblicherweise spricht man Titel wie 2 *Henry VI* übrigens so aus: »Henry the sixth, part two«.

10 Schabert (s. Anm. 6) S. 26.

11. Literaturhinweise/Medienempfehlungen

Bezugstexte

William Shakespeare: Macbeth. Hrsg. von Lutz Walther. Stuttgart: Reclam, 2020. (Reclam XL Englisch. Text und Kontext. 19986.) – *Nach dieser Ausgabe wird zitiert.*

William Shakespeare: Macbeth. Hrsg. von A. R. Braunmuller. Cambridge: Cambridge University Press, 1997. (The New Cambridge Shakespeare.)

William Shakespeare: Macbeth. Hrsg. von Kenneth Muir. London [u. a.]: Methuen, 1984 [zuerst 1951]. (The Arden Shakespeare.)

Interpretationen

Dillon, Janette: The Cambridge Introduction to Shakespeare's Tragedies. Cambridge 2007.

Dobson, Michael und Stanley Wells (Hrsg.): The Oxford Companion to Shakespeare. Oxford 2001.

Kermode, Frank: Shakespeare's Language. London 2000.

Poppe, Reiner: Literaturwissen: William Shakespeare. Stuttgart 2002. (Reclams Universal-Bibliothek. 15224.)

Schabert, Ina (Hrsg.): Shakespeare-Handbuch. Die Zeit – Der Mensch – Das Werk – Die Nachwelt. 5., durchges. Aufl. Stuttgart 2009.

Verfilmungen (Auswahl)

Macbeth (1948). Regie: Orson Welles.
Throne of Blood (1957). Regie: Akira Kurosawa.
Macbeth (1971). Regie: Roman Polański.
Macbeth (1979). Regie: Trevor Nunn.
Macbeth (2005). Regie: Mark Brozel.
Macbeth (2015). Regie: Justin Kurzel.

12. Zentrale Begriffe und Definitionen

Alliteration [alliteration]: (lat. *alliteratio* ›Lautverbindung‹) Ein rhetorisches Stilmittel: Stimmen die Anfangslaute benachbarter Wörter überein, spricht man von Alliteration, z. B. »Feuer und Flamme«.
➤ S. 56

Anspielung [allusion]: Wenn in einem Text auf eine bekannte Person, ein Kunstwerk, ein Ereignis etc. verwiesen wird, ohne dass dieser Verweis explizit gemacht wird, spricht man von einer Anspielung. *Macbeth* enthält Anspielungen etwa auf die Heilkräfte König James' (IV,3, V. 147–159) und auf den ›equivocator‹ Henry Garnet (II,3).
➤ S. 10, 70, 87, 136

Blankvers [blank verse]: Der Blankvers zeichnet sich durch Reimlosigkeit aus. Er hat fünf Hebungen und besteht aus Jamben (➤Jambus).
➤ S. 52, 54 f.

Botenbericht [messenger's report]: Wenn Ereignisse nicht auf der Bühne dargestellt werden können bzw. sollen, kann man als dramatisches Hilfsmittel einen Boten über die Geschehnisse berichten lassen. Das ist häufig bei militärischen Schlachten und Ähnlichem der Fall, deren Darstellung auf der Bühne mit großem Aufwand verbunden wäre. In Macbeth findet sich ein Botenbericht in I,2.
➤ S. 44

Charakter [character]: Im Gegensatz zu einem bloßen Typ erkennen die Leserinnen und Leser einen Charakter eines literarischen Textes anhand individueller Merkmale wie Wesenszüge, Handlungsweisen, Sprechart usw.

Chor [choir]: Im antiken Drama handelte es sich beim Chor um eine Gruppe von Figuren, die das Geschehen auf der Bühne bewerten und kommentieren (auch durch Tanz und Gesang). Später hat man diese Rolle an den Prolog- bzw. Epilogsprecher übertragen (so auch in Shakespeares *Romeo and Juliet*). Aber auch innerhalb des Dramas können einzelne Figuren wie ein Chor fungieren, in dem sie die Geschehnisse kommentieren und deuten.

➤ S. 47 f.

Enjambement [enjambement]: Wenn das Versende nicht zugleich Satzende bzw. Ende einer Sinneinheit ist, spricht man vom Zeilensprung bzw. Enjambement (frz. ›Überschreitung‹). »Thy letters have transported me beyond / The ignorant present, and I feel now / The future in the instant.« (I,5, V. 56–58)

➤ S. 52

Hebung [stressed syllable]: Hebungen sind die betonten Silben eines Verses: »There **would** have **been** a **time** for **such** a **word**.« (V,5, V. 18) Eine unbetonte Silbe bezeichnet man als Senkung.

➤ S. 51

Jambischer Pentamer [iambic pentameter]: Ein Vers, der aus fünf Jamben (➤ Jambus) besteht.

Jambus: Der Jambus ist ein Versfuß bestehend aus einer unbetonten und einer betonten Silbe: »There **would** / have **been** / a **time** / for **such** / a **word**.« (V,5, V. 18)

➤ S. 51

Metapher [metaphor]: Eine Metapher ist ein Stilmittel, bei dem ein Wort aus seinem geläufigen Bedeutungszusammenhang in einen anderen übertragen wird und dort etwas ausdrückt, das dem ursprünglich durch das Wort Bezeichneten ähnlich ist.

➤ S. 57, 66, 101

Monolog [soliloquoy]: Selbstgespräch. Bei Shakespeare handelt es sich bei den berühmten Monologen meist um sogenannte Reflexionsmonologe: Die Figur offenbart innere Gedankengänge, analysiert sich selbst, spekuliert über Folgen und mögliche Konsequenzen des eigenen Handelns usw.

➤ S. 31, 54, 60–66, 95 f.

Nebenhandlung [sub-plot]: Eine Handlung, die für die Haupthandlung nicht entscheidend ist.

➤ S. 9, 41, 66

Personifikation [personification]: Die Vermenschlichung von Vorgängen und Gegenständen mit dem Ziel, sie lebendiger erscheinen zu lassen bzw. eine bestimmte Atmosphäre zu schaffen.

➤ S. 101

Prosa [prose]: Im Gegensatz zur Poesie zeichnet sich Prosa nicht durch Reim und Rhythmus aus, sondern spiegelt eine natürliche Redeweise wider. Man spricht von der ›ungebundenen‹ Rede im Gegensatz zur ›gebundenen‹ Rede der Poesie.

➤ S. 52, 54 f.

Retardierendes Moment [moment of final suspense]: Zur Steigerung der Spannung lassen Dramatikerinnen und Dramatiker gerne die Handlung kurz verlangsamen, so dass plötzlich andere Entwicklungen möglich erscheinen. Ein anderer Effekt besteht darin, dass das Publikum eine Chance hat, über das Geschehen zu reflektieren.

➤ S. 13

Rezeption [reception]: Die Aufnahme eines Textes, sei es durch Literaturkritiker, die Rezensionen schreiben, durch Schülerinnen und Lehrer, durch Literaturwissenschaftlerinnen, die den Text analysieren und ihm eine bestimmte Bedeutung beimessen oder absprechen, durch andere Schriftsteller, die Motive aus dem Text in eigene Texte integrieren, oder Künstlerinnen allgemein, die Motive, Figuren aus dem Text in Form von Gemälden o. Ä. interpretieren.

➤ S. 126

Senkung: ➤ Hebung

Spannung [suspense]: Um das Interesse der Leserinnen und Leser am Stoff wachzuhalten, bedienen sich Autorinnen und Autoren unterschiedlicher Methoden der Spannungserzeugung, wie Anspielungen, Vorausdeutungen, Träumen der Figuren, Ellipsen oder geschickt gewählten Kapitelaufteilungen und Kapitelüberschriften.

➤ S. 13, 45 f., 110

Symbol [symbol]: Jede Gegenstandsbezeichnung, die ihrem ursprünglichen Bedeutungszusammenhang entnommen wird, um etwas anderes, oft Abstraktes zu bezeichnen, und die in keiner starken Ähnlichkeitsbeziehung zum Bezeichneten steht, kann als Symbol bezeichnet werden. Es handelt sich dabei häufig um tradierte, innerhalb eines bestimmten kulturellen Kontexts allgemein verständliche Sprachbilder. Ein einfaches Kreuz kann beispielsweise auf das Christentum oder aber auf einen militärischen Zusammenhang verweisen.

➤ S. 57, 78

Thema [theme]: Grund- und Leitgedanke eines Werkes, z. B. Liebe, Ehre, Schuld, Freiheit, Toleranz usw.

➤ S. 43, 72, 117

Trochäus [trochee]: Versfuß bestehend aus einer betonten und einer unbetonten Silbe. Die Hexen verwenden ein Versmaß bestehend aus vier Trochäen: »**Dou**ble, **dou**ble **toil** and **trou**ble« (IV,1, V. 20)

➤ S. 55 f.

Vorausdeutung [foreshadowing]: Vorwegnahme eines erst später eintretenden Ereignisses. Das kann ein sehr konkreter Hinweis oder ein subtil in den Text eingeflochtener Hinweis sein.

➤ S. 24, 61, 64, 73, 136

Zäsur [caesura]: Eine Pause innerhalb eines Verses, die einen Einschnitt im Versmaß bedeutet. Bei Shakespeares Blankvers kann diese kurze Pause an einer beliebige Stelle stehen: »But **how** of **Caw**dor? || The **Thane** of **Caw**dor **lives**,« (I,3, V. 72)

➤ S. 52

Zeilensprung: ➤ Enjambement

Zweizeiler [couplet]: Um eine Szene abzurunden, verwendet Shakespeare häufig zwei gereimte Verse. »Thou marvell'st at my words: but hold thee still; / Things bad begun make strong themselves by ill.« (III,2, V. 54–55)

➤ S. 52 f., 124

Reclam Kompaktwissen **XL**

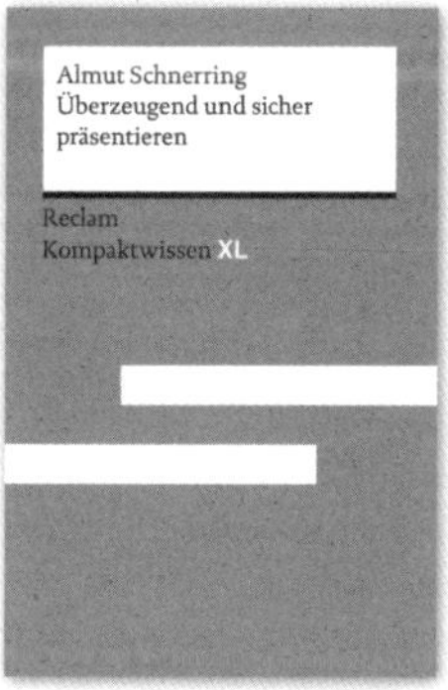

Für Eilige: auch als **ebook**

Almut Schnerring:
Überzeugend und sicher präsentieren
ISBN 978-3-15-015241-6

Alles, was man wissen muss:

- Themenwahl und Recherche
- Gliederung und Sprachstil
- Stimme und Körpersprache
- Erste Hilfe bei Lampenfieber, Blackouts und Zwischenfragen

Mit zahlreichen Infografiken, Checklisten und Übungen

Reclam www.reclam.de